솔로 사회가 온다

솔로 사회가 온다

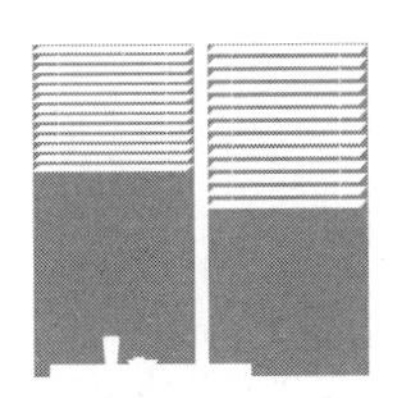

그들은 왜 혼자의 삶을 선택했나

아라카와 가즈히사 · 나카노 노부코 지음
유태선 옮김

북바이북

들어가는 글

2040년에는 독신자가 인구의 50%, 기혼자(64세까지)는 30%를 차지하게 됩니다. 이 충격적인 숫자를 보고 여러분은 어떻게 느끼셨나요? '기혼자인 우리는 소수파가 되는가', '이대로라면 저출생·고령화가 더욱 심각해질 텐데, 미래는 어떻게 될까' 이렇게 생각할지도 모릅니다.

혹은 반대로 지금까지는 혼자서 살아가는 데에 불안함을 느꼈지만, '20년 후에는 우리가 다수파가 되지 않을까. 그렇다면 사회 모습도 크게 변화할 수밖에 없으니 지금보다 더 살기 좋게 바뀔지도 모른다'며 발전적으로 생각하는 분도 계시겠지요.

그럼 실제로는 어떨까요? 앞으로의 일본은 혼자 사는 것이 당연한 사회가 된다는 예측을 주제로 독신 연구의 일인자 아라카와 가즈히사와 날카로운 기백의 뇌과학자 나카노 노부코가 대담을 했습니다. 이 이색적인 대담은 2019년 6월에 진행된 아라카와의 저서 『솔로 경제의 습격』 출판 기념 북토크 '솔로 사회, 어떻게 살아갈 것인가?'에서 두 사람이 만나면서 실현되었습니다.

『솔로 사회가 온다』는 북 토크에서 이야기한 내용에 코로나 19가 본격화된 2020년 3월, 다섯 시간에 걸쳐 진행된 두 사람의 추가 대담 내용을 더해 구성했습니다.

이 책은 크게 2부로 구성되어 있습니다. 전반(1~4장)은 독신자(솔로)와 기혼자 각자의 생활 방식과 행복, 고독이라는 '개인'에 관한 것, 후반(5~7장)은 개인에서 사회 전체로 시선을 돌려 솔로와 집단, 다양성과 개성이라는 사회적인 주제를 다룹니다. 그리고 마지막 장에서 더 이상 무시할 수 없게 된 '코로나 시대를 살아가는 법'이라는 시사적인 주제로 끝을 맺습니다.

'솔로 남성의 외식비는 한 가족의 두 배에 가깝다', '연애를 잘하는 사람은 전체의 30%에 불과하다', '사실은 미국도 동조 압력이 강하다' 등의 주제와 사실을 거침없이 늘어놓는 아라카와와 '인지적 불협화', '고정 관념 위협stereotype threat'(고정 관념의 대상이 된 집단의 구성원에게 그 고정 관념을 주입시켜 그들의 역량을 실제보다 떨어트리는 것을 가리킨다. 예를 들어, 공부를 잘하는 학생에게 유색 인종임을 인식시키면 성적이 떨어진다고 한다-옮긴이), '샤덴프로이데'라는 학술적인 용어를 예로 들면서 그러한 현상을 분석하는 나카노. 이 두 사람의 지식과 견해가 담긴 날카로운 현상 분석, 정교한 미래 예측이 20년 뒤 삶의 방식을 생각하는 데 도움이 되길 바랍니다.

디스커버21 편집부

차례

2장
고독은 나쁜 것일까?

3장
솔로의 행복, 기혼자의 행복

4장
연애 강자와 연애 약자의 생존 전략

5장
솔로화와 집단화의 경계선

6장
나는 어떤 사람인가 - 한 인간의 다양성

7장
세상을 움직이는 감정주의의 메커니즘

마지막 장
위드 코로나 시대의 삶의 방식을 생각하다

1장

솔로화하는 사회

2040년, 일본은 독신이 인구의 절반을 차지하게 되어 홀로 사는 것이 당연한 사회로 한 걸음 다가가게 된다. 먼저 이 장에서는 300만 명의 남성이 결혼하지 못하는 '남초 현상'의 실상과 많은 사람이 솔로(독신)를 선택한 배경, 그리고 1인 가구 시장의 확대 이유를 분석한다.

2040년에는
독신자 비율이 47%가 된다

아라카와 먼저 기본적인 사실 확인을 해보죠. 다음 그래프(도표 1)를 보시면 2040년에는 독신 인구가 47%를 차지하게 되고, 64세 이하의 배우자가 있는 사람은 31%가 됩니다.

나카노 64세까지의 유배우자 비율이 31%라니……. 엄청나네요. 결혼하는 쪽이 소수파가 되겠네요.

아라카와 기본적으로는 독신이 47%이니까 거의 절반이에요. 이것은 전원이 미혼이라는 말은 아닙니다. 사별이나 이혼 등 과거에 결혼했어도 다시 독신으로 돌아오는 사람을 포

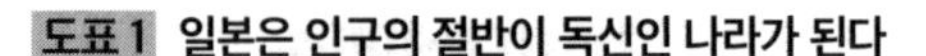
도표 1 일본은 인구의 절반이 독신인 나라가 된다

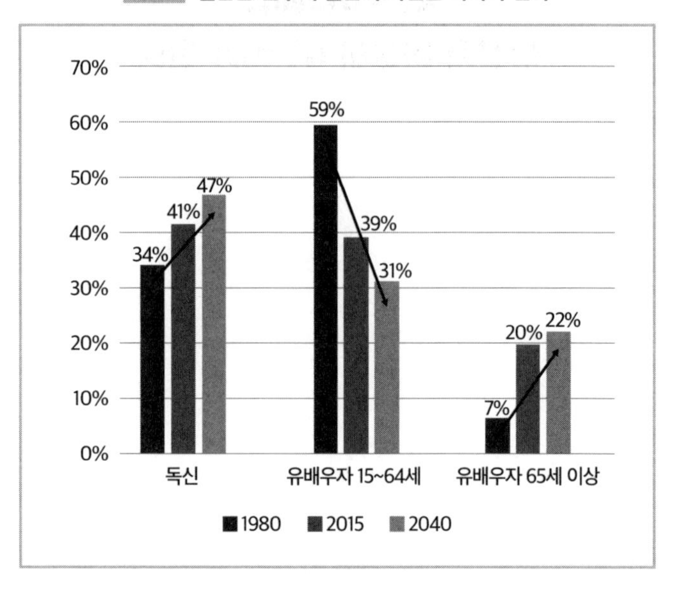

※ 2015년까지는 국세 조사, 2040년은 국립사회보장 · 인구문제연구소(사인연)의 2018년 추계를 참고하여 아라카와 가즈히사 작성. 모두 15세 이상이며, 독신은 이혼자와 사별자를 포함한다.

함해 20년 후에는 이렇게 될 것이라고 예상됩니다.

나카노 이미 젊은 층이 결혼하지 않는 것을 당연하게 여기는 세계가 바로 눈앞에 와 있는 거네요.

아라카와 결혼하더라도 만혼이거나, 이혼도 늘고 있어서 필연적으로 독신 인구가 늘어납니다.

나카노 최근에는 결혼을 하더라도 영원한 사랑을 약속하는 풍조가 많이 사라졌습니다. 결혼의 장점을 의심하는 시대에 본격적으로 돌입한 느낌이에요.

아라카와 특히 도쿄에 사는 직장인 여성들은 이미 결혼할 필요성을 느끼지 못하고 있습니다.

나카노 적어도 제 주변에는 그런 유형이 많습니다. '결혼한다, 안 한다'라는 주제에선 좀 벗어나지만, 아이를 낳는 일에도 소극적인 분위기가 느껴져요. 무엇을 위해 결혼을 하는지 모두가 자문자답하는 상황입니다. 연애는 하고 싶지만, 결혼은 별개의 이야기라고 생각하죠. 예전에는 연애는 하지만 결혼은 망설이는 것이 대부분 남성들의 입장이었는데, 최근에는 여성들이 그렇게 생각하니 마치 새로운 현상처럼 느껴집니다. 지역에 따라 다를 순 있겠지만요.

통계를 낸 것은 아니기에 아라카와 씨에게 확인받고 싶은데요. 10~15년 전에는 결혼하고 싶으니 결혼 활동을 해야겠다고 말하는 여성이 대부분이었지만, 최근에는 의외로 혼자서도 즐겁다고 말하는 사람이 늘어난 인상입니다. 혼자서 즐길 수 있는 오락도 정말 많고, 애초에 다른 사람이 옆에 있는 것 자체가 스트레스라고 말하는 사람도 꽤 있고요.

일본은 고령자보다 독신자가 많은 '독신 국가'가 된다

아라카와 젊은 세대 중에서도 솔로(독신)가 늘고 있습니다. 2040년에는 15세 이상 인구가 약 1억 명으로, 독신이 4,600만 명, 기혼자가 5,200만 명으로 예상됩니다. 일본은 초고령화 국가로 불리는데, 고령자 인구는 3,900만 명이네요. 3,900만 명인 고령자보다 독신이 4,600만 명으로 더 많습니다. 그러니 사실 일본은 고령 국가가 아니라 독신 국가라고 말할 수 있지 않을까요? 그런 상황에 대해 최근 경제산업성 관계자에게 말하니 "역시 그렇냐"고 하더군요. 관공서는 연령 기준으로 생각하지 배우자 유무로 구분하지 않습니다.

그러면 그래프(도표 2)를 통해 고령 솔로 남성과 고

령 솔로 여성의 수를 살펴볼까요? 고령 솔로 남성은 490만 명, 고령 솔로 여성은 1,260만 명입니다.

나카노 고령 솔로 남성의 수명이 짧은 것은 배우자와 사별했기 때문이겠죠. 사별한 뒤 남녀 평균 여명이 다르니까요.

아라카와 부인과 이별이나 사별을 하면 남성은 남은 수명이 줄어듭니다. 여성은 그렇지 않다고 말할 수 있고요.

당연하지만, 미혼자도 늘어납니다. 최근에는 '생애(평생) 미혼율'이라는 말이 '50세일 때 미혼율'로 바뀌었는데요. 아마도 '생애 미혼'이라고 말하지 말라는 항의가 들어왔겠죠. "50세가 넘어서도 결혼할 수 있는 사람이 있겠지. 가능성은 있어. 그러니까 생애 미혼이라고 말하지 마!"라는 식으로 말이죠.

나카노 어디서 그런 항의가 들어왔나요?(웃음)

아라카와 잘 모르겠지만, 관청에 항의가 들어와서 후생노동성이 그 용어 사용을 중단했다고 제 맘대로 추측하고 있습니다. 50세 넘어서 결혼하는 비율은 1%도 되지 않으니 저는

도표 2 일본은 고령자보다 독신자가 많은 나라가 된다

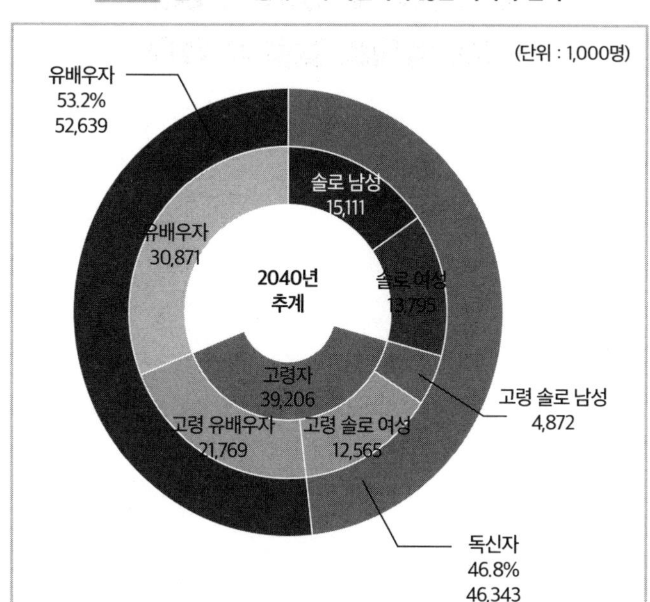

※ 사인연의 '일본의 장래 추계 인구(2018년 추계)'에서 15세 이상을 뽑아 아라카와 가즈히사 작성.

'생애 미혼'이라고 말해도 된다고 생각합니다. 다음에 나오는 표(도표 3)에서 알 수 있듯이 2015년의 생애 미혼율이 남성은 23%, 여성은 14%입니다. 2040년에는 남성은 30%, 여성은 20%입니다. 남성의 3명 중 1명, 여성의 5명 중 1명은 생애 미혼이 됩니다.

일본 남성 중 300만 명은 결혼 상대를 찾을 수 없다

나카노 결혼에 있어서 남성들 사이의 격차가 벌어지는 사회가 도래한다는 말이군요. 남성은 여러 번 결혼하는 사람과, 한 번도 결혼하지 않는 사람으로 나뉘게 되겠네요.

아라카와 그렇습니다. 남성은 재혼 상대로 초혼 여성을 선택하고, 재혼 여성은 재혼 남성을 고릅니다. 저는 이것을 '시간차 일부다처제'라고 말합니다. 이혼과 재혼을 반복하는 사람은 몇 번이고 결혼하고, 한 번도 결혼하지 못하는 사람은 계속 못 합니다.

도표 3 생애 미혼율 추이

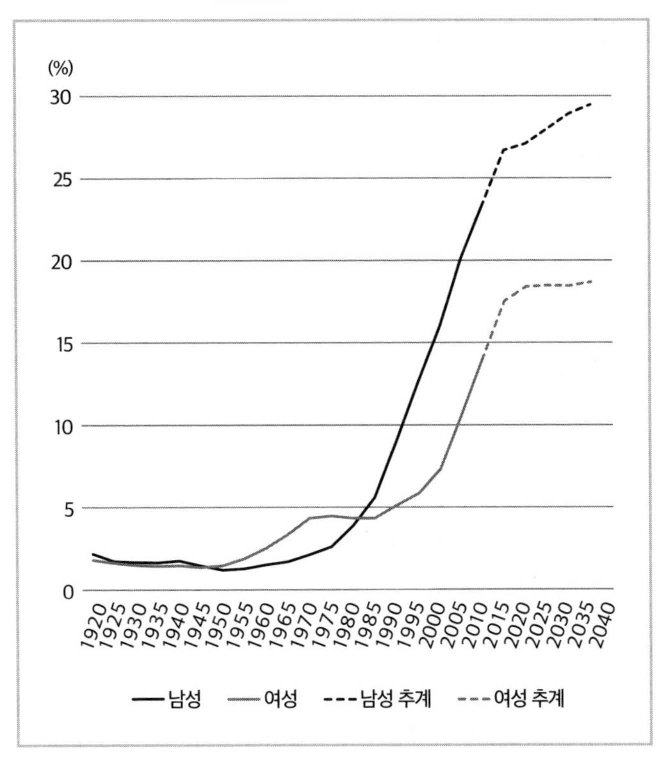

※ 2015년까지는 국세 조사를 참고. 그 이후는 사인연 '일본의 장래 추계 인구(2018년 추계)'를 참고하여 아라카와 가즈히사 작성.

나카노 이런 경향은 북미에서 좀 더 현저하게 나타난다고 들었습니다. 부유한 남성은 몇 번이나 결혼합니다. 한편으로

'1부 0처'인 남성도 많습니다. 즉 남성 사회의 격차가 벌어지면서 싸움이 일어난다는 것이죠.

아라카와 실제로 지금도 그런 상태입니다. 300만 명의 남성은 아무리 발버둥 쳐도 결혼 상대가 없습니다. 다음 표(도표 4)는 미혼 남성과 미혼 여성의 연령별 인구 차이를 나타내고 있는데, 74세까지는 남성이 훨씬 많습니다. 계속 '남초'(한 집단에서 남성의 비율이 높은 현상. 여성의 비율이 높을 경우에는 '여초'라고 한다 - 옮긴이)가 이어지다가, 75세가 되면 여성 인구가 더 많아집니다. 이것은 할아버지가 되면 갑자기 이성에게 인기를 얻는다는 말이 아닙니다. 슬프게도 남자가 먼저 죽기 때문에 이런 현상이 벌어집니다. 살아 있는 동안에는 대부분 '남초'라는 것으로, 계산해보면 340만 명의 남성이 남아돌게 됩니다. 20~30대 남성도 이미 145만 명 남아도는데, 이것이 '남초 현상'입니다. 덧붙여서 중국은 현재 홀로 남겨지는 남성이 3,000만 명 이상입니다.

나카노 정말 대단하군요. 남성만으로 하나의 국가를 만들 수 있는 규모잖아요. 도쿄도 인구를 웃돌 정도입니다. 여러 사정으로 결혼하지 않는 사람이 그만큼 많다는 말이죠.

도표 4 연령별 미혼 남녀 인구 차

(단위: 명)

	미혼 남성	미혼 여성	미혼 남녀 차이
15~19세	3,042,192	2,881,593	160,599
20~24세	2,755,989	2,572,112	183,877
25~29세	2,222,616	1,852,959	369,657
30~34세	1,648,679	1,211,351	437,328
35~39세	1,416,172	959,761	456,411
40~44세	1,423,716	913,188	510,528
45~49세	1,092,022	683,887	408,135
50~54세	806,163	467,837	338,326
55~59세	607,248	312,233	295,015
60~64세	552,221	264,934	287,287
65~69세	425,752	259,014	166,738
70~74세	185,974	175,233	10,741
75~79세	87,546	132,730	-45,184
80~84세	39,750	113,000	-73,250
85~89세	14,063	78,708	-64,645
90~94세	2,965	31,169	-28,204
95~99세	519	6,933	-6,414
100세 이상	126	1,176	-1,050
합계	16,323,713	12,917,818	3,405,895
20~59세	11,972,605	8,973,328	2,999,277
20~39세	8,043,456	6,596,183	1,447,273

※ 국세 조사를 참고하여 아라카와 가즈히사 작성.

아라카와 역시 중국이 가장 많지 않을까 생각했는데, 조사해보니 인도는 더 많았습니다. 전 세계를 합치면 약 2억 명의 미혼 남성이 남겨진다고 합니다. 남은 남자만으로 국가를 만들 수 있을 정도죠.

세키가하라를 경계로 동일본은 남초가 된다

나카노 이러한 남성 격차 사회를 생각하면, 역시 여성 쪽에서는 어느 정도 이상의 계층을 선택하고 싶은 욕구가 생기기 마련이잖아요. 어느 정도가 결혼 가능한 계층인지를 판단할 때, 조금 듣기 싫은 소리로 들리겠지만 아마도 사회 경제적 지위를 기준선으로 잡을 수 있겠죠. 그 기준선 위에 있는 남성 인구에서 여성 인구를 뺀 수치만큼 여성이 남습니다. 이것이 대략 계산했을 때 미혼 여성 수일지도 모릅니다.

아라카와 그렇군요. 연령뿐만 아니라 지역별로 살펴봐도 특징이 나타납니다. 도표 5는 '도도부현'별로 남초 지역을 색칠

도표 5 도도부현별 남초 현상 지도(20~30대)

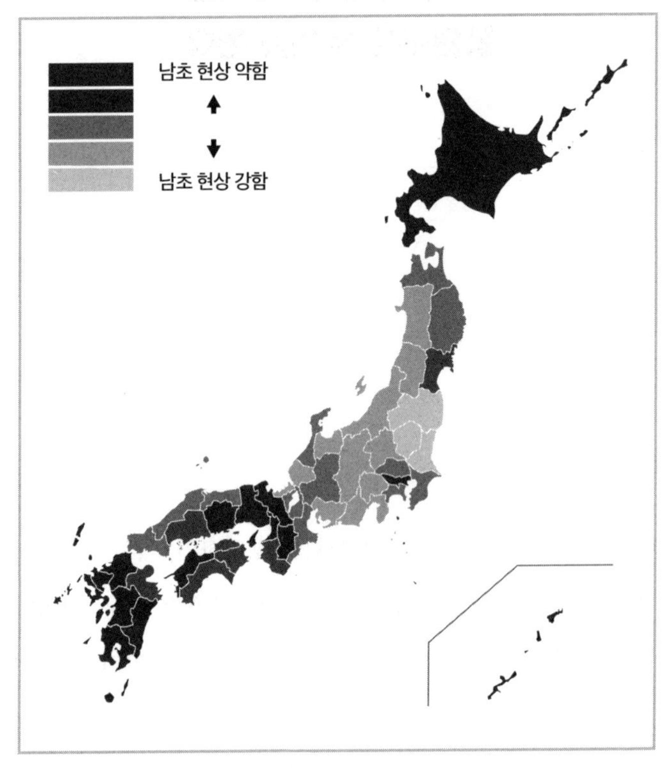

※ 2015년 국세 조사 '20~50대 미혼 남녀 차이'를 참고하여 아라카와 가즈히사 작성.

해 일본 지도에 표시한 것입니다. 남성이 많을수록 옅게, 여성이 많을수록 진하게 표시했습니다. 세키가하라 근처를 경계로 동일본이 남초 현상을 보이네요. 가장 남자가 많이 남은 곳은 이바라키현입니다. 다음은 도치기현, 3위가 후쿠시마현입니다. 후쿠시마는 도호쿠 지역이지만, 어째서인지 이바라키현과 도치기현 등 간토 북부에서 남자가 남는 현상이 벌어집니다.

이 결과는 20~30대에서 추출해낸 것입니다. 일본에서 전국적으로 남초 현상이 일어나는 것은 분명하지만, 20~30대만 보면 어째서인지 동일본과 서일본으로 깔끔하게 나뉩니다. 그러나 동일본 중에서 도쿄만큼은 진한 색, 즉 여성 수가 더 많습니다. 도쿄에서는 남성이 남아도는 상황이 조금 덜 합니다.

덧붙여서 도표 6은 각 도도부현의 2009년과 2019년 시점의 인구 증감을 비교한 것입니다. 지금 도쿄로 인구와 정치, 경제 시설 등이 집중된다고 하는데요. 표를 보면 일본의 인구는 계속 줄어드는데 도쿄도와 사이타마현, 지바현, 가나가와현 등 1도 3현은 인구가 폭증합니다. 또 아이치와 후쿠오카, 오키나와도 인구가 늘고 있습니다.

나카노 전부 대도시권이네요. 간사이권은 그렇지 않고요.

아라카와 간사이권은 줄어들고 있어요.

도표 6 전체 인구는 점점 줄어드는데, 수도권만 인구 폭증

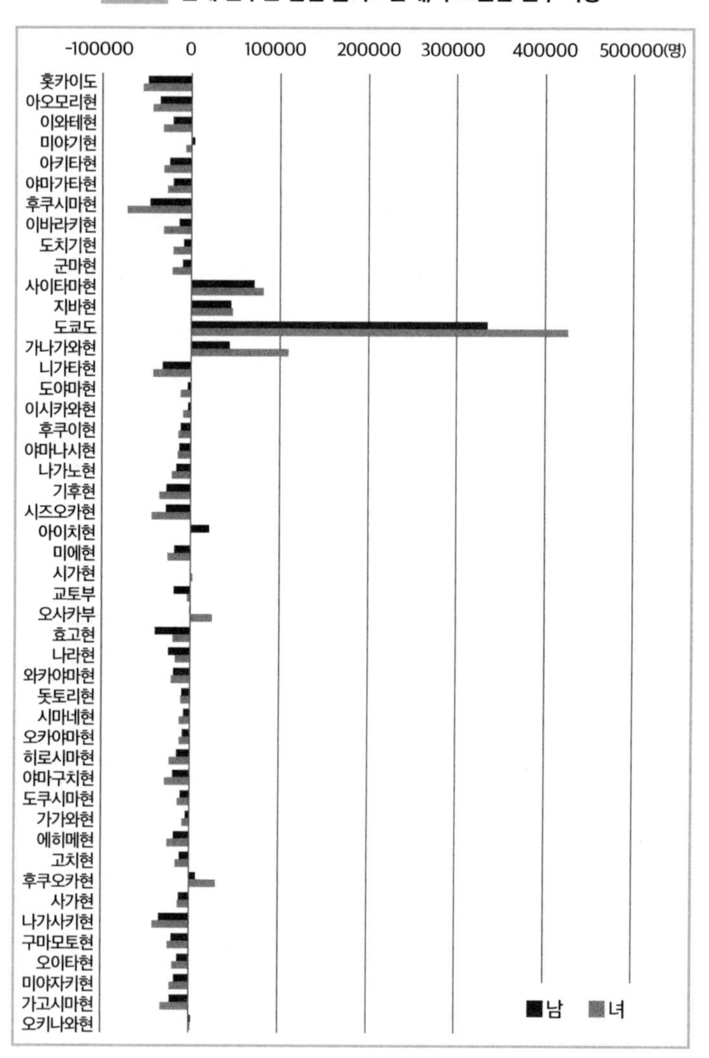

※ 총무성 인구 추계에서 2009년부터 2019년까지 각 현 전입 초과 수를 누계 합산하여 아라카와 가즈히사 작성.

나카노 오사카는 여성 인구만 늘고 남성은 줄고 있네요.

아라카와 네, 그래프상에서는 잘 안 보이지만 오사카는 남성이 700명 줄었는데 여성은 3만 명이나 늘었습니다. 이제 일자리가 있는 곳으로만 사람이 모여든다는 것이죠.

나카노 확실히 에도 시대에는 에도에 남성이 여성의 2배 정도 있었잖아요.

아라카와 에도는 그랬습니다. 하지만 반대로 현재 도쿄에는 일하러 오는 여성이 많습니다. 도쿄로 와서 그럭저럭 수입을 얻게 되면, 이대로 혼자서도 살아갈 수 있겠다거나 일이 재밌으니 결혼과 아이는 포기해도 되지 않겠느냐고 생각하게 될지도 모릅니다.

덧붙여서 오사카와 후쿠오카에도 여성이 많은데요. 결국, 일자리가 있는 곳에 여성이 몰립니다. 주로 요식업, 판매업, 서비스업과 같은 일입니다. 그리고 공장 지대에는 남성이 모여듭니다. 사는 지역에 따라 달라지는 거죠. 물론 여성이 이바라키현에 간다고 해서 갑자기 인기가 많아지는 것은 아니고, 반대로 후쿠오카에 남성이 간다고 해서 먹히는 것도 아닙니다.

나카노 현저하네요. 도쿄, 가나가와, 지바, 사이타마 이외의 지역은 인구가 늘더라도 미세하게 증가하는군요. 결국 대부분 지역에서는 인구가 줄고 있고, 늘고 있는 곳으로 인구가 더욱더 집중되어가고 있습니다. 요즘 콤팩트 시티(압축 도시)를 만들자고 하잖아요. 그런데 가만히 내버려둬도 콤팩트해져가네요. 이것으로 예산 등을 각 지역 사정에 맞게 배분해야 한다는 점도 깨닫게 되었습니다.

독신 남녀가 사는 지역의 벽
-미나토구 여자와 아다치구 남자는
만날 수 있을까?

아라카와 일본은 예전부터 인구가 줄곧 도쿄에만 집중되었다고 착각하기 쉬운데요. 지금까지 65년간의 인구 이동을 나타낸 것이 다음 그래프(도표 7)입니다. 1960년대부터 1990년대 전반에 걸쳐 인구가 크게 증가한 ②번 선은 사이타마, 지바, 가나가와입니다. 즉 도쿄 이외의 세 개 현 인구가 증가하는 도넛 현상입니다.

나카노 이른바 '베드타운'이죠.

아라카와 그렇습니다. 출퇴근 러시를 만든 것도 베드타운

도표 7 주요 도시의 65년간 인구 이동(일본인 한정)

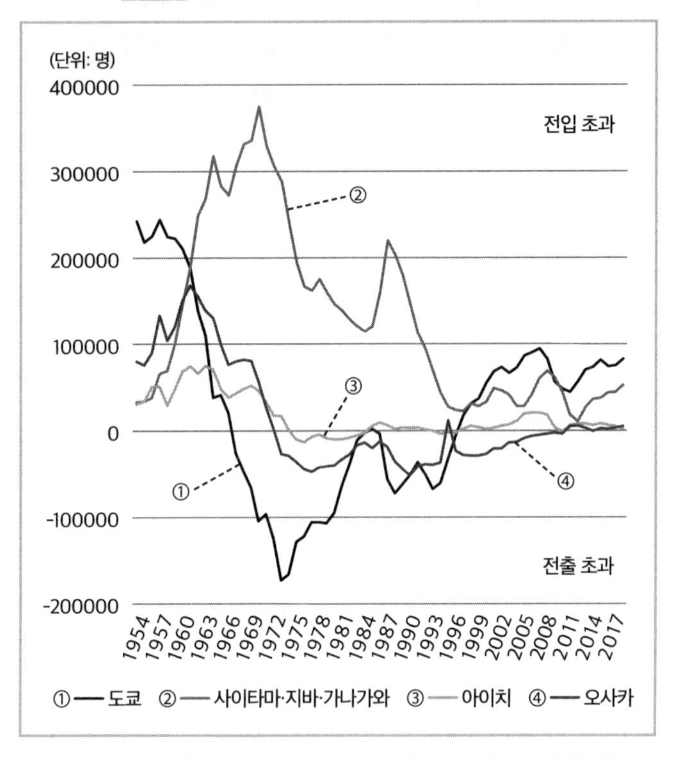

※ 총무성 통계국 '주민기본대장 인구이동보고'의 전입 초과 수를 참고하여 아라카와 가즈히사 작성.

사람들입니다. 그래프를 보면 지금은 전혀 늘고 있지 않습니다. 반대로 당시에 도쿄는 인구가 줄었습니다.

나카노 도심에서 살 수 없어서 그런 건가요?

아라카와 그렇습니다. 도쿄 인구가 줄고 3현은 증가하는 모습을 보였지만, 지금은 역전되었죠. 도쿄 인구는 늘고, 주변은 줄어들었습니다. 도쿄로 사람들이 이동하게 된 것은 최근의 일입니다.

나카노 편의성이라든가 노후의 활동성을 고려했을 때, 더욱 편리하니까요.

아라카와 덧붙여서 젊은 여성 중에서도 에비스 같은 집세가 높은 지역에 사는 사람이 많습니다. 특수한 예일지도 모르지만, 신입 사원인데 집세 15만 엔(한화로 약 150만 원-옮긴이)짜리 원룸에 산다든지요.

나카노 셰어하우스에 살거나 중년 남성과 데이트하고 금전적 지원을 받는 경우가 아닐까요?

아라카와 아닙니다. 보통의 젊은이입니다. 월급의 절반을 집세로 낸다는 말을 듣고 놀랐습니다. 또한, 집세가 비싸더라도 보안이 철저한 곳에서 살고 싶다는 여성들도 있습니다. 이전에 제가 이 주제로 쓴 기사가 〈월요일부터 밤샘〉이라는 방송에 소개되었는데요. 독신 여성과 독신 남성은 사는 '구'가 다릅니다. 아니, 사는 '구'가 다르다기보다는 그 지역에 사는 남녀 비율이 전혀 다릅니다. 미나토구, 주오구, 시부야구 등은 여성이 압도적으로 많습니다. 반대로 남성이 많이 사는 지역은 20~60대까지 1~3위가 거의 같습니다(2015년 국세조사 결과의 1인 가구 남녀 비율에서 남성이 많은 순위). 에도가와, 가쓰시카, 아다치. 이 3개구는 독신 남성의 1인 가구 비율이 높습니다.

나카노 월세가 저렴해서요?

아라카와 네, 그렇습니다. 이제 남자는 다운타운에 살고, 여자는 업타운에 사는 상황인데요. 이런 상황이라면 미혼 남녀는 이제 영원히 만날 수 없지 않을까 생각합니다.

나카노 미나토구 여자와 아다치구 남자라……. 재밌네요. 사는 지역으로 나눌 수 있다니.

아라카와 남자 마을, 여자 마을인 겁니다. 치안과 보안에 돈을 들이는 여성, 안전보다는 밥과 유흥에 돈을 쓰는 남성으로 나뉩니다.

나카노 그렇군요. 집세라는 고정비를 얼마나 지출할 수 있느냐의 차이가 이렇게 나타나는군요.

아라카와 그렇다고 봅니다. 가쓰시카구 같은 곳은 꽤 저렴하니까요.

나카노 고정비를 제외한 가처분 소득을 남성은 어떤 곳에 사용하나요?

아라카와 술을 마시거나, 음식을 먹거나 합니다. 가계 조사를 보면, 식비에 가장 돈이 많이 들어간다는 사실을 알 수 있습니다.

홀로 있고 싶은 사람 40%,
타인과 함께 있고 싶은 사람 60%

아라카와 다시 이야기를 돌리면 독신 인구가 늘어나는 원인으로 이혼 증가도 꼽을 수 있습니다. 다음 그래프에서 인구 1,000명당 보통 이혼율을 보면 이혼율이 감소하는 것처럼 보이지만, 애초에 인구가 줄어들어서 이런 형태를 보이는 것입니다. 특수 이혼율은 이혼 건수를 결혼 건수로 나눈 것인데, 최근 15년은 35% 정도의 추이를 보였습니다. 매스컴이 자주 사용하는 '세 쌍 중 한 쌍은 이혼한다'는 말은 이 특수 이혼율에 바탕을 두고 있습니다. 그러나 이혼이 증가한 것은 아니며, 일본인이 이혼이 적었던 과거로 돌아갔다고 생각해선 안 됩니다. 에도 시대 등에도 이혼하는 사람이 많았으니까요.

도표 8 이혼율 추이

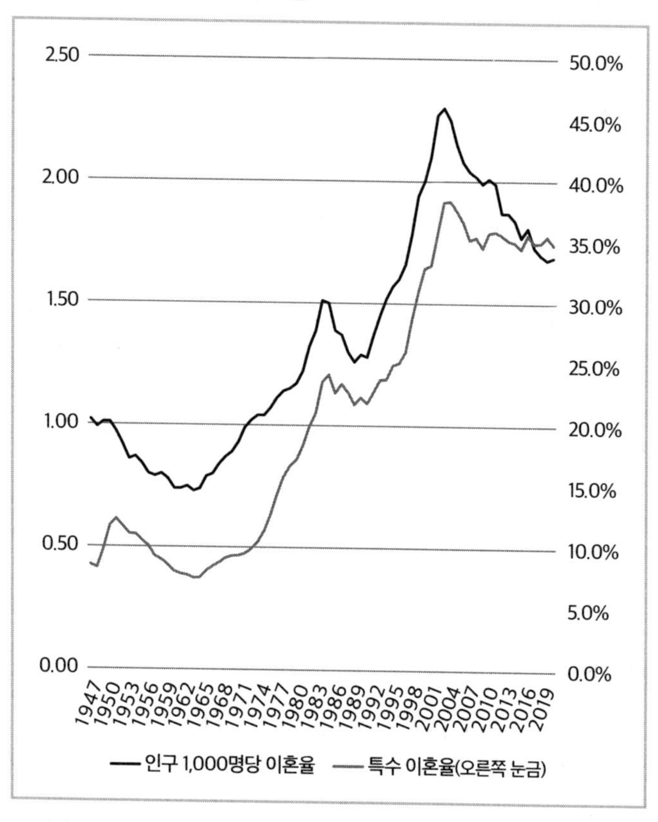

※ '인구동태총감'을 참고하여 아라카와 가즈히사 작성.

나카노 그렇습니다. 이혼이 적었던 메이지 시대가 사실 특이한 거죠.

아라카와 메이지 시대부터 쇼와 시대의 고도 경제 성장기까지는 오히려 이혼 건수가 극도로 적습니다. 주제에서 벗어나기 때문에 이 이야기를 파고들진 않겠습니다.

그럼 늘어나는 1인 가구를 주제로 독신 인구에 대해 이야기해보죠. 앞에서도 말했듯이 2040년에는 1인 가구가 40~50% 정도를 차지하게 됩니다. 부부와 자녀로 구성된 표준 세대는 앞으로 23%로까지 떨어집니다.

나카노 〈사자에 씨〉(평범한 주부 사자에 씨와 가족의 이야기를 그린 만화다-옮긴이)에 나오는 가정이 더 이상 표준이 아니라는 거네요.

아라카와 〈사자에 씨〉에 나오는 대가족은커녕, 부모와 자녀로 구성된 가족이 23%로 줄어드는 겁니다.

나카노 4분의 1도 안 되네요.

아라카와 즉, 이러한 가족 형태도 끝날 수 있습니다. 도표 9에서 '솔로의 특성'을 사분면으로 표시해보았습니다. 솔로뿐 아니라 결혼한 사람을 포함해 세로축이 독신자와 기혼자

(유배우자), 가로축이 '솔로 선호도'의 높고 낮음을 나타냅니다. 즉, 혼자 있고 싶은지, 모두와 함께 있고 싶은지를 의미합니다. 일본에는 이 솔로 선호도가 높은 사람의 비율이 40% 정도 됩니다. 반대로 모두와 함께하고 싶은 사람은 60%입니다. 세로축의 독신과 기혼 비율도 지금은 4 대 6입니다.

그것을 좀 더 나누면 먼저 '진짜 솔로'라는 그룹이 있습니다. 진짜 솔로는 결혼 의욕이 낮고, 오히려 혼자 있는 시간을 편안하게 느끼는 사람들입니다. 이 평생 미혼일지도 모르는 진짜 솔로들이 20%입니다.

사이비 솔로는 지금은 독신(솔로)이지만, 결국에는 결혼해서 논솔로(기혼자)가 될 사람들입니다.

논솔로는 가족을 소중히 여기고, 좋은 아버지, 좋은 어머니가 되고 싶은 사람들이죠. 가장 수가 많으며 40%를 차지합니다.

그림자 솔로는 결혼은 했지만, 사실은 솔로가 좋은 사람들입니다. 이들은 진짜 솔로와 그림자 솔로를 왔다 갔다 해서 이혼과 재혼을 반복합니다. 배우자가 있는 60% 중에서 그림자 솔로가 20%, 즉 유배우자 중 3분의 1은 그림자 솔로입니다. 앞에서 3분의 1은 이혼한다고 말했는데, 바로 이것입니다. 이렇게 나누고 보니 나중에 논리를 갖다 붙인

도표 9 **네 가지 솔로 유형의 특성**

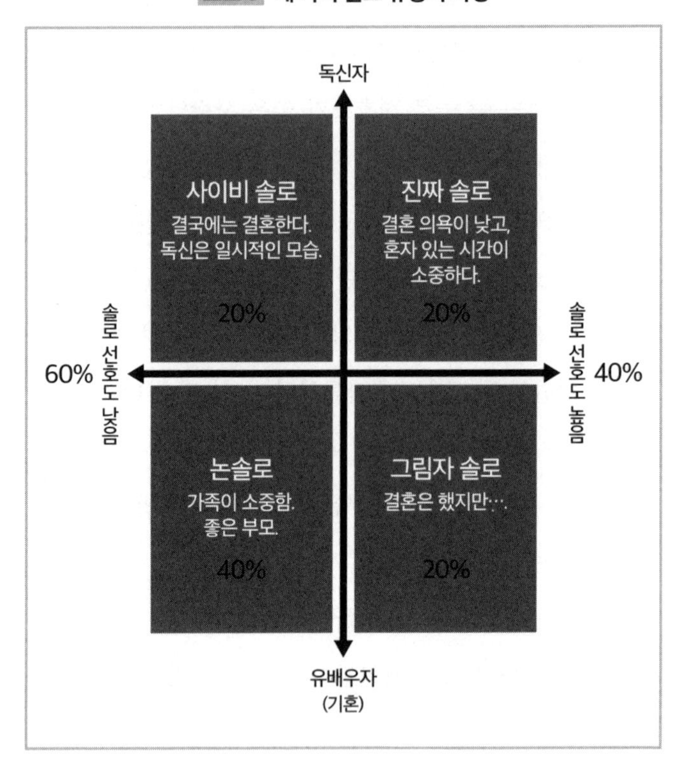

것이 아니라 계산이 아주 잘 맞아떨어진다는 생각이 드네요.

생후 18개월까지 형성한 애착 관계가 타인과의 교제를 좌우한다?

나카노 상당히 흥미로운 그림이네요. '사람과의 관계를 잘 맺어가는 사람인가, 그렇지 못한 사람인가'와 같은 구분 방법은 본질에 다가가는 것이라고 생각합니다. 물론 이것을 잘하고 못하고는 태생적 요소와 후천적 요소가 모두 영향을 미치겠지요. 사이비 솔로와 논솔로는 다른 사람과 함께 있어도 자신의 영역을 잘 지키고, 균형 있게 관계를 맺는 사람들입니다.

진짜 솔로와 그림자 솔로는 다른 사람이 옆에 있으면 불편함을 느끼는 사람들인데요. 타인을 친절하게 대하는 것도 서툴러서 관계를 맺은 초기에는 친절하려고 노력하지만, 친절을 계속 유지하기 어려워하는 유형이죠.

아라카와 천성은 변하지 않는 건가요?

나카노 선천적 요소와 후천적 요소 모두 영향을 미칩니다. 후천적 요소는 거의 생후 18개월 안에 결정된다고 합니다. 구체적으로는 생후 6개월에서 18개월이라고 하는데요. 뇌 내 물질 수용체의 밀도가 결정되는 중요한 시기로, 특히 양육자와의 관계가 중요한 열쇠가 됩니다. 이 시기에 적절한 애착이 형성되지 않으면 누군가가 자기 옆에 있는 것을 불편해합니다. 또는 반대로 누군가에게 너무 가까이 다가가려다가 어색해져서 관계 맺기에 실패하는 경우도 많습니다.

아라카와 요즘 미혼자가 늘고 있는데, 생후 18개월까지 적절한 관계가 형성되지 않은 사람이 많다는 말인가요?

나카노 그렇게 말하면 부모를 책망하는 것처럼 들리겠지만, 여러 사정 때문에 양육자와 아이의 애착 관계에 변화가 생기는 것은 사실입니다. 생후 18개월까지 양육자와 어떤 관계를 맺는지에 따라 앞으로의 인생에서 타인과 사귀는 방식이 달라집니다.

제가 쓴 책에서도 소개했지만, 영국의 정신과 의

사 존 볼비나 미국의 발달 심리학자 메리 에인스워스 등에 의해 확립된 애착 이론에 따르면 애착 유형(인간관계를 맺을 때 그 바탕이 되는 인지 양식)으로 안정형, 회피형(거절형), 불안형 등이 있다고 하는데요. 대략 다음과 같은 특징을 지닌다고 합니다.

- 안정형: 타인과의 스스럼없는 관계 구축이 특기.
- 회피형: 타인과의 스스럼없는 관계 구축에는 소극적.
- 불안형: 타인에게 과도한 기대와 실망, 상실의 위기감을 품는 경향이 강함.

즉, 유형에 따라서는 타인과 어울리는 것을 좋아하지 않는 사람도 있습니다. 물론 솔로가 나쁘다는 말은 아니고, 혼자서 지낼 때 더 편안하게 느끼는 사람도 있다는 것입니다.

아라카와 그렇군요. 모두가 결혼을 원하는 것은 아니군요. 당연한 말이지만 결혼은 의무가 아니니 자신에게 맞는 적응 전략을 취하면 좋겠네요.

결혼해도 고독사하는 현실

아라카와 자신에게 맞거나 안 맞는 것들이 있죠. 예를 들면, 솔로 중에는 셰어하우스를 싫어하는 사람이 많습니다.

나카노 아, 공감이 확 되네요.

아라카와 그런 사람들은 집에 돌아왔을 때, 왁자지껄하거나 불이 켜져 있으면 스트레스를 받습니다. 아주 캄캄하고, 아무도 없어 쥐 죽은 듯이 조용한 방으로 돌아가고 싶은 거죠.

나카노 충분히 이해됩니다.

아라카와 나카노 씨는 결혼하셨는데도 공감하시나요?

나카노 죄송합니다. 남편을 좋아하지만, 그가 집에 있으면 조금 아쉬운 기분이 들 때가 있어요. 혼자서 30분이라도 마음 편히 자고 싶을 때도 있고요. 이런 감각은 상대방을 좋아하는 감정과는 전혀 다른 지점에서 만들어지는 것 같아요.

아라카와 역시 결혼을 하거나 타인과 함께 사는 일이 맞는 사람도, 그렇지 않은 사람도 있다고 생각합니다. 나카노 씨가 말씀해주셨듯이 개인의 애착 유형과 관련이 있어 보이는데요. 결혼이 자신과 맞지 않으면 억지로 할 필요는 없습니다.

독신자라면 누구나 '결혼 안 하면 고독사한다'는 말을 한 번쯤은 듣는데요. 고독사 문제에 대해서는 잘 생각해봤으면 합니다. 고독사하는 사람의 대다수는 이전에 기혼자였던 사람입니다. 현재 고독사하는 75세 이상의 사람들을 예로 들어보자면, 그들은 일본에서 개혼皆婚(거의 모든 사람이 결혼하는 일을 의미한다-옮긴이) 시대라고 하는, 거의 100%가 결혼하던 시대의 사람들입니다. 그렇다면 지금 고독사하는 사람은 대부분 과거에 결혼했던 사람이라고 할 수 있습니다.

나카노 단순하게 생각하면 그렇죠.

아라카와 그러니까 '결혼 안 하면 고독사한다'가 아니라 '결혼해도 고독사한다'는 말입니다.

나카노 독신이냐 기혼이냐는 그다지 관계가 없고, 오히려 독신이 이런 문제에 대해 오래전부터 준비할 수 있다고도 말할 수 있겠네요.

아라카와 그렇습니다. 결혼은 의무가 아니므로 고독사가 두렵다고 무리하게 결혼하지 않아도 된다고 말하고 싶습니다.

결혼은 경제 활동,
'개혼주의'는 착취 수단?

아라카와 다시 말하지만, 결혼을 반드시 할 필요는 없습니다. 마르쿠스 가브리엘이라는 독일 철학자가 말하길, 지금은 무엇이든 소비하는 욕망의 시대이며 결혼도 소비 활동의 하나라고 합니다.

나카노 매우 흥미로운 사고방식입니다. 결혼을 경제 활동으로 보는군요.

아라카와 결혼은 사랑이라는 등 이야기되지만, 결혼도 하나의 욕망을 소비함으로써 충족되는 것이니까 사실은 소비라는 겁니다. 그의 이야기를 듣고 '역시 그렇군' 하고 이해했습니다.

나카노 '소비되는 가치'라는 관점에서 인간관계를 해석하는 시각이 재미있네요. 종신 고용이나 연공서열 제도가 아주 견고하게 자리 잡고 있던 시절에는 결혼하지 않은 사람을 한 단계 아래로 평가하는 암묵적인 구조가 있었지요. 그 이유는 요컨대 '인질' 때문인 거죠. 회사를 위해 몸이 부서지도록 움직이게 하려면 독신보다는 가족이 있는 쪽이 더 편리하다고 판단한 듯 보입니다. 조직체 안에서 무언가 압력을 가하지 않으면 수행할 수 없는 일을 시킬 때, "네 아이와 부인, 어떻게 되어도 모른다", "아이가 올해 초등학교 들어간다면서?"라고 말하면 상대방이 따를 거라고 생각했겠죠.

'가족이 있는 사람에게는 그 방법이 통하겠지만, 그렇지 않은 사람에게는 통하지 않는다. 요컨대, 독신에게는 고삐를 달 수 없으니 중요한 자리에 앉힐 수 없다.' 이런 사고방식은 내 집 마련과 관련해서도 똑같이 적용됩니다. 대출을 받아 집을 사게 해서 일할 수밖에 없는 상황을 만들고 이직률을 낮추려는 구조가 아닐까요? 그래서 장기 대출을 받아 집을 산 사람은 지위를 높여주려 한다는 이야기를 들은 적이 있습니다.

그 착취 구조의 흔적이 지금도 남아 있을진 모르겠지만요. 결혼하지 않으면 회사를 그만두거나 일을 자기 마음대로 할 수 있기 때문에 기업 논리에는 맞지 않는다는 식으로 솔로인 사람이 약간 열세일 수밖에 없는 사회가 만들어졌던 것입니다. 요즘은 그렇지도 않은가요?

아라카와 원래 무사를 위한 체계였던 가부장 제도를 서민에게 적용한 것은 확실히 그런 이유 때문이죠. 옛날에는 논밭을 저당 잡혀서 "너, 말 안 들으면 논밭 뺏어버린다"라는 말을 듣기 싫으니까 열심히 일했습니다. 지금은 대부분의 사람이 농민의 삶에서 벗어나 논밭이 없는 도시형 생활을 하는데요. 이제는 가족이 논밭을 대신하는 존재가 되었습니다. 가족을 인질로 붙잡고 그들을 위해 너는 일해야 한다고 강제하는 거죠.

나카노 그래서 인질이 없는 사람, 즉 독신자에게는 별로 중요한 일을 시키지 않는군요.

아라카와 그렇습니다. 인질이 없으면 쓸모없다고 판단하는 거죠.

나카노 그렇군요. 결혼을 하고 안 하고는 도덕론보다는 기업 논리와 관련이 있었네요.

아라카와 결국, 결혼도 기업 논리와 연관되는 거죠. 개혼 사회란 기껏해야 최근 100년 정도 된 이야기이니까요.

나카노 그래서 직원들의 결혼 상대가 될 부인 후보를 회사가 준비하는 겁니다. 조금 난폭하고 극단적으로 들릴지 모르겠지만, 즉 인질 후보죠.

아라카와 지금은 어떤지 모르겠으나, 예전에는 유통, 소매업 쪽에 그런 경우가 많았죠. 백화점이나 슈퍼마켓에서는 여성 점원을 많이 채용합니다. 그러면 남녀 성비가 상당히 불균형해져서 남성이 압도적으로 적습니다. 게다가 대졸 남성은 한 해에 몇 사람 정도만 들어오기 때문에 여성 동기 사원은 몇 백 명이 됩니다. 그러면 미남이 아니어도 희소가치가 생겨서 인기가 많아집니다.

나카노 정말 흥미로운 현상이네요.

아라카와 자기가 속한 공동체 안에서 자신을 돌봐줄 파트너를 찾는 일이 여성에게 결혼이라고 가정한다면, 그중에서 가장 출세할 가능성이 높은 남성을 선택하는 거죠. 이전에는 이런 '경제 활동으로서의 결혼'이 일반적이었습니다.

가족 시장의 쇠퇴, 솔로 활동 시장의 확대

아라카와 결혼은 경제 활동이며, 그래서 시장에서도 큰 존재감을 드러냈습니다. 지금까지 고도성장기의 슈퍼마켓을 지탱한 것은 주부, 다음 그림(도표 10)으로 말하면 '논솔로', 이른바 '가족 시장'입니다.

이것은 가족의 경제권을 어머니가 쥐고 있다는 말입니다. 즉, 주부가 가족 모두의 쇼핑을 관리하는 가족 시장이 전체의 40%를 차지했습니다. 그러니까 지금까지는 경제가 부부와 가족 중심으로 돌아갔다고 할 수 있습니다.

그러나 앞으로는 인구의 40~50%를 독신이 차지할 것으로 예상됩니다. 이미 40%가 독신이며, 독신자(사이비

도표 10 네 가지 부류의 솔로 특성과 시장 관계

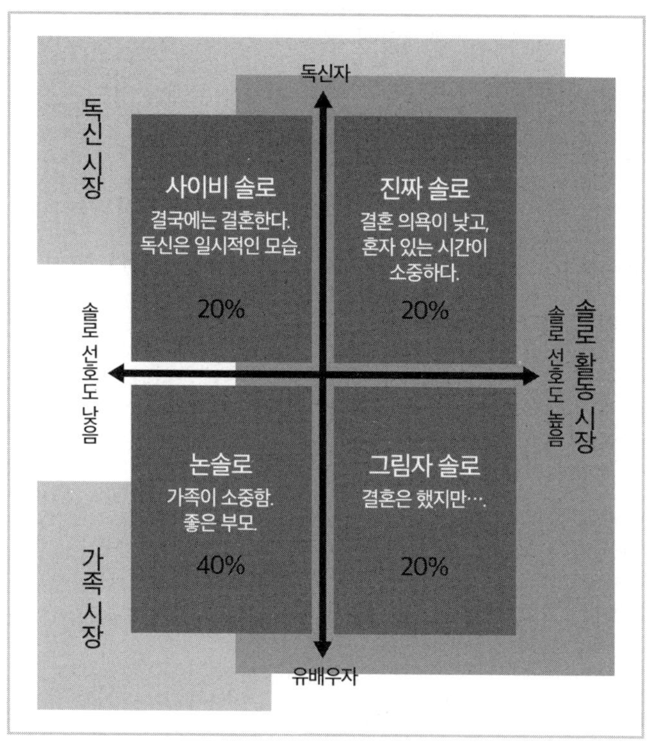

솔로와 진짜 솔로)들이 소비 활동을 하는 '독신 시장'이 존재하는데요. 결혼했지만 혼자 있고 싶어 하는 그림자 솔로까지 포함하는 '솔로 활동 시장'이 엄청나게 확대되고 있습니다.

앞의 그림(도표 10)을 보면 알 수 있듯이 '독신 시장', 기혼·미혼과 관계없이 혼자서 소비를 하는 '솔로 활동 시장'이 생겨났습니다. 반면 가족 시장은 6 대 4 정도로 축소될 것으로 보입니다.

다음 표(도표 11)는 솔로 활동이 증가했다는 사실을 보여줍니다. 이른바 '혼자서 갈 수 있다!'입니다. 혼자 외출하는 사람의 비율을 보면, 의외로 수족관이나 동물원 등에 여성이 홀로 방문한다는 사실을 알 수 있습니다. 혼자 여행가는 여성도 꽤 많습니다.

얼마 전, 텔레비전을 보면서 생각했는데요. 남자는 아저씨가 되면 국내 여행을 가고 싶어 합니다. 해외가 아닌 국내 여행을 혼자서 가고 싶어 하죠.

나카노 왠지 피곤하겠네요(웃음).

아라카와 남성이 혼자서 갈 만한 곳은 온천과 페스티벌입니다. 음악 페스티벌이나 라이브 공연은 예전에는 친구들끼리 가던 곳인데요. 지금은 혼자서 가는 사람이 증가하고 있습니다. 음악에 관심이 없는 친구와 가면 신경만 쓰일 뿐, 오히려 즐길 수 없으니까요. 페스티벌이나 라이브 공연에 가면 같은

도표 11 남녀별 솔로 활동 증가

(%)

	솔로 남성	솔로 여성
국내 여행	78.5	72.4
음악 공연(페스티벌)	43.3	55.9
해외여행	52.1	54.3
수족관	37.8	47.8
동물원	34.5	46.4

※ 2018년 아라카와 가즈히사 조사(도쿄, 가나가와, 지바, 사이타마 지역 20~50대 미혼 남녀). '혼자서 간 적이 있다'고 답한 비율.

취미를 가진 사람들이 모여 있으니 거기서 친구를 만들면 됩니다.

나카노 상당히 합리적이네요.

솔로 남성의 외식비는 일가족 외식비의 두 배에 가깝다!

아라카와 솔로 활동 시장 이야기와 관련이 있는데요. 독신 남성의 소비 경향을 조사해보니 다음 그래프(도표 12)에 나타난 것처럼 '식비'가 압도적으로 높았습니다. 37~39쪽에서도 언급했습니다만, 가계 조사를 해보니 독신 여성은 집세에, 독신 남성은 음식에 돈을 쏟아붓는 것으로 나타났습니다.

나카노 먹는 양 때문에 돈이 많이 드는 걸까요? 저는 음식에 관한 젊은 남성의 경향을 정확하게는 모르지만, 주변 학생 등을 보면 양이 많고 맛이 뚜렷한 음식을 좋아한다는 인상을 받았습니다. 이른바 '질보다 양'인 거죠. 한편, 여성은

도표 12 **혼자 사는 독신 남성의 식비는 '실제 금액'에서 가족의 수치와 맞먹는다**

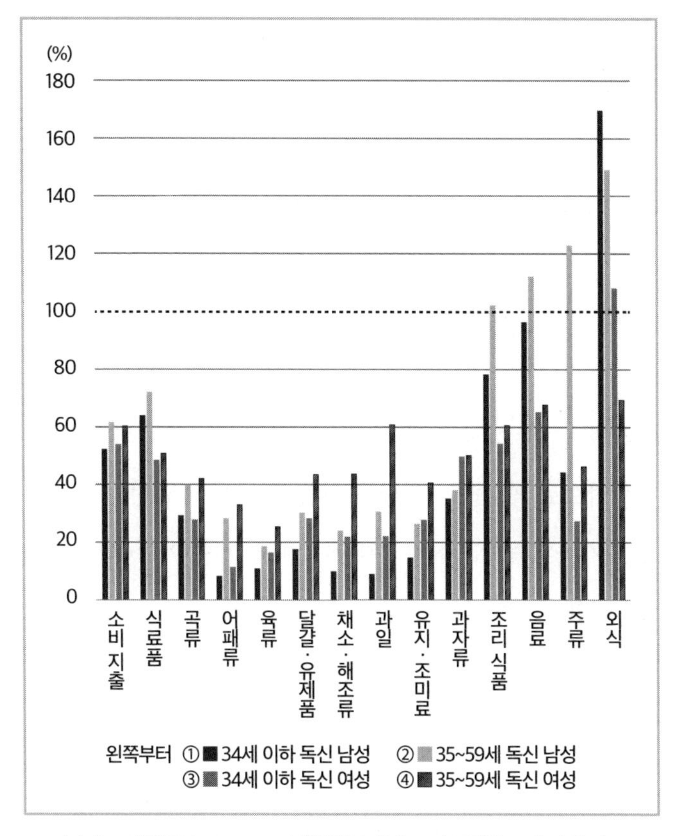

※ '가계 조사'에서 2007~2019년 월평균 실제 소비 금액을 2인 이상 가구(가족 가구) 금액과 비교한 것. 100%가 넘은 항목은 가족 세대보다 지출 금액이 많다. 아라카와 가즈히사가 독자적으로 작성. 모두 근로자 가구 한정.

외형이 세련되거나 유기농 식품 같은 비교적 고가의 음식을 선호해서 돈이 드는 느낌입니다.

아라카와 그런 의미에서 말하자면, 먹는 양이 많다기보다는 지출 목적에서 차이가 난다고 할 수 있죠. 역시 남자는 외식을 자주 하기 때문에 돈이 많이 듭니다.

나카노 그렇군요. 직접 요리하지 않는군요.

아라카와 네. 직접 요리하는 남성도 물론 있습니다만, 역시 압도적으로 외식하는 사람이 많습니다. 독신 남성의 외식비는 일가족의 두 배 가까이 됩니다. 비율(%)이 아니라 실제 금액으로요.

나카노 엥겔 계수가 높네요.

아라카와 그렇습니다. 거의 세 배입니다. 외식비가 많이 들죠. 고기나 생선을 사서 요리하는 독신 남성도 있겠지만, 그중에는 100% 외식만 하는 사람도 있을 것입니다. 우리가 젊었을 때는 자동차나 여성(연애)에 돈을 쓰는 사람이 많은 느낌이었는데, 지금은 특히 도시에 사는 젊은이들은 자동차에 관심이 없고 면허도 따지 않는 사람이 많습니다.

나카노 그러면 여성(연애)에게 돈을 쓰는 거는요? 애인이 없는 남녀가 늘고 있다는 이야기도 들었습니다.

아라카와 이른바 젊은이의 '연애 이탈 현상'이라고 하죠. 요즘은 무엇이든지 '젊은이의 ○○ 이탈'이라고 이야기하는 경향이 있는데, 사실은 그렇지도 않습니다. 연애에 관해서는 4장의 '연애 강자 3할의 법칙'에서 이야기하겠습니다.

나카노 그렇다면 그들은 과금하는 게임에 돈을 쓰는 건가요?

아라카와 전체적으로 봤을 때, 취미·오락비가 그렇게 많이 오르진 않았어요. 오히려 조금씩 줄어드는 중입니다. 전체 지출 자체는 그다지 변하지 않았습니다만, 유일하게 오른 것이 식비입니다. 앞의 그래프를 보면 ①은 34세 이하 독신 남성, ②는 35세 이상 59세 이하 독신 남성. ③은 34세 이하 독신 여성, ④는 35세 이상 59세 이하 독신 여성입니다.

나카노 가족 지출을 100으로 잡았네요.

아라카와　네. 34세 이하 독신 남성은 가족의 두 배에 가까운 돈을 외식에 쓰고 있습니다. 그리고 35세 이상 독신 남성은 술과 음료, 도시락이나 주먹밥 등의 조리 식품에 대해서도 실제 금액 기준 가족 이상으로 소비하고 있어요. 다시 한번 말하지만 비율(%)이 아니기 때문에 한 가족보다 많은 돈을 외식비로 쓰고 있다는 거예요.

나카노　일가족이 쓰는 돈보다 많다니, 엄청나네요.

아라카와　당연하게도 직접 요리하는 사람이 적기 때문에 어패류나 육류, 채소 등은 사지 않습니다. 참고로 34세 이하의 독신 여성도 일가족보다 외식에 많은 돈을 지출합니다. 다만 술과 음료, 조리 식품에는 여성보다 남성이 압도적으로 많은 돈을 쓰고 있습니다. 즉, 독신 남성이 편의점 매출을 책임진다고 할 수 있죠.

나카노　그래프에서 가장 왼쪽 항목인 '소비 지출'은 전체를 말하는 것이죠? 전체에서 외식 비중이 매우 높네요.

아라카와　그렇습니다. 그리고 가족은 학교나 학원 등의 교육비가 많이 듭니다. 독신자는 0엔이고요. 가족과 독신자는 소비하는 항목이 전혀 다릅니다.

그렇다면 독신 남성은 외식을 하러 어디로 갈까요? 기본적으로 서서 먹는 소바 가게나 체인 음식점, 규동(소고기덮밥-옮긴이) 가게나 라멘집도 되게 많더라고요. 오토야, 야요이켄 등 정식을 판매하는 가게 매출을 책임지는 것은 솔로 남성입니다. 야요이켄은 흰 쌀밥을 무한으로 제공한다거나 그런 점이 꽤 중요하게 작용합니다.

나카노 젊은 남성에게 중요한 요소죠.

아라카와 최근에는 혼자서는 규동집에 가기 싫다고 말하는 여성이 줄었지만, 예전에는 규동집에 남자만 잔뜩 늘어서 있었습니다.

나카노 지금까지 일본에서는 남성의 식사를 독신일 때는 외식이, 결혼한 이후에는 부인이 맡는 식이었습니다. 특히 구시대적 가치관의 가정에서는요. 그러나 지금은 체인점에서 싸고 간편하면서도 나름 맛있게 먹을 수 있으니까 외식으로 끼니를 해결해도 괜찮다, 식사의 편의를 위해서 결혼하지 않아도 된다는 인식이 생겼죠.

아라카와 맞습니다. 반대로 말하면, 결혼하면 혼자 살 때 외식에 소비한 금액의 절반은 절약할 수 있습니다.

나카노 그럼에도 불구하고 독신의 삶을 선택한다는 거죠? 정말 흥미로운 현상이네요. 여성도 남자를 위해 요리하는 삶을 살고 싶지 않다는 태도를 취하고 있고요.

아라카와 그렇습니다. 이것은 역시 독신 여성, 더구나 40~50대 미혼 여성이 늘어난 것과 관계가 있겠죠.

나카노 독신 여성 수가 계속 늘고 있죠.

아라카와 뒤에서 이야기하겠지만, '여성의 남성화'도 한 가지 큰 주제입니다. 이제껏 사회에 만연했던 '여성은 서서 먹는 소바 가게에 혼자서 갈 수 없다'는 고정 관념이 바뀌고 있습니다. 별로 부끄럽지 않다고 말하는 여성들도 많으니까요.

나카노 저도 전혀 부끄럽지 않아요.

2장

고독은 나쁜 것일까?

이 장에서는 '악'으로 여겨지기 쉬운 고독의 정체를 다루면서 고독의 단점뿐만 아니라 혼자 사는 삶의 장점을 이야기한다. 또한, 인간관계에 따른 스트레스와 치유, SNS와 고독의 관계, 소통의 기술, 사랑의 미래에 대해서도 파고든다.

고독은 술, 담배와 같은 정도로 건강에 해롭다?

아라카와 국가가 추계한 인구 구조와 소비 지출에 맞추어 생각하면, 2030년에는 솔로 소비가 가족 소비 지출을 앞지를 것으로 보입니다. 이것은 부모님과 함께 사는 독신도 포함한 예측입니다. 혼자 사는 독신으로만 한정하면 가족 소비에 미치지 못하지만, 지금 부모님에게 얹혀사는 사람이 매우 증가하고 있습니다. 사실 본가살이가 제일 현명하거든요. 부모에게 집세를 낸다고 하더라도 혼자 집을 빌려 월세를 내는 것보단 훨씬 싸니까요.

나카노 본가의 시설도 사용할 수 있고요.

아라카와 고지식한 사람은 백수니 기생충이니, 급기야는 '아이 방 아저씨'(사회인이 되어서도 부모님 집의 아이 방에 얹혀사는 중년 독신 남성을 놀리는 말-옮긴이)라 부르며 야유하기도 합니다. 하지만 미혼에게는 오히려 현명한 선택입니다.

나카노 그렇죠. 합리적이죠.

아라카와 맞습니다. 오히려 합리적이라서 솔로가 증가하기 때문에 앞으로 일본인은 모두 고독해지느냐에 대해 이야기하고 싶습니다. 고독을 극도로 두려워하는 사람도 있잖아요. 그 이유로 고독은 술, 담배와 거의 같은 정도로 건강에 좋지 않다든지 다양한 것들이 이야기되는데요.

나카노 부정적인 이미지가 있죠. 고독이라는 말이 굉장히 쓸쓸하고 불쌍한 이미지와 연관되어 있고, 또 솔로인 사람을 최대한 줄여야 한다고도 말하잖아요.

아라카와 너무하네요(웃음).

'혼밥'은
치유 행위다

나카노 실제로는 그렇지 않잖아요. 혼자 있음으로써 치유되는 상처도 있고요.

아라카와 그렇습니까?

나카노 사람을 만나면 신경 쓰고 생각도 해야 하니까 뇌가 엄청 많은 에너지를 쓰거든요. 그런 필요 이상의 에너지를 사용하지 않고 치유에 집중하고 싶다면 혼자 보내는 시간도 필요합니다. 예를 들면, '이치란'이라는 라멘집이 있는데요. 일반적인 바 형태 좌석이 아니라 칸막이가 세워져 있어서 벽에 둘러싸여 식사에 집중할 수 있습니다. 사람들과 함께 왁자지껄 떠들며 먹기보단 홀로 조용히 먹을 때 기분이 좋아지는 사람도 많지요. 혼자 밥 먹는 것을 '혼밥'이라고 하잖아요. 사람들과 함께 식사하면 스트레스가 쌓이니까 귀가 후 홀로 식사하면서 스트레스를 푸는 사람이 꽤 있다고 합니다. 그것 때문에 체중이 늘기도 한다네요.

아라카와 모두와 함께 밥을 먹으면 대화하기 귀찮다든가, 그런 이유 때문인가요?

나카노 그렇죠. 상황에 따라 다르지만, 위계에 의한 괴롭힘을 당하거나, 여성이라면 "평소에 직접 요리 안 해 먹니?"와 같은 심리적 압박이 가해지는 질문을 받을 때가 많습니다. 그런 데서 상처받은 마음을 달래기 위해 혼밥을 합니다.

어떤 이들은 스트레스를 푸는 수단으로 먹는 행위를 선택한다는 말인데요. 모두와 함께하는 식사 자리에서 오는 스트레스의 정도는 사람에 따라 차이가 있습니다만, 그로 인해 스트레스를 받은 사람에게 혼밥이 치유 행위로서 기능합니다.

아라카와 그것은 만국 공통일까요?

나카노 사람들과 함께 식사하는 행위에서 스트레스를 받는 사람이 얼마나 되는지에 따라 다르겠죠. 일본은 하이콘텍스트(의사소통으로 공유되는 체험이나 감각, 가치관 등이 많고, 이심전심으로 의사 전달이 이루어지는 경향이 강한 문화) 사회로서 커뮤니케이션이 복잡하기 때문에 스트레스의 정도가 더욱 높지 않을까요? HSP Highly Sensitive Person라는 말도 2020년에 들어서면서 대중에게 알려지기 시작했죠. 사람의 말이나 행동에 과민하게 반응하여 상처받기 쉬운 사람들을 말합니다.

일본에서 현저하게 보이는 현상일 수도 있고요. 그 부분은 나라마다 얼마나 차이가 나는지 제대로 연구하지 않으면 모르지만요.

아라카와 미국인은 홈 파티를 자주 한다는 이미지가 있잖아요.

나카노 그렇습니다. 미국인은 홈 파티를 자주 하고요. 유럽 사람도 다 함께 모여 식사하는 것을 커뮤니케이션 도구로 사용합니다. 저는 프랑스에서 유학했는데요. 프랑스 사람들은 점심을 두 시간에 걸쳐 충분히 먹습니다. 일본인도 회식으로 친분을 쌓으려고는 하지만, 코로나 19를 계기로 사람들과의 식사가 조심스러워져서 여기저기서 회식이 취소되는 분위기입니다.

아라카와 이와 관련해서 일본, 미국, 중국, 한국 고등학생의 '혼밥률'(점심, 저녁)을 비교한 국제 조사 결과를 그래프(도표 13)로 만들었습니다.

나카노 오, 그거참 흥미로운 데이터네요.

아라카와 각국의 고등학생이 혼자서 식사를 하는 비율입니다. 정말 놀라운 점은 미국도 일본과 다르지 않다는 겁니다. 오히려 다른 사람과 함께 식사하는 것은 중국인뿐입니다. 대부분 저녁을 가족과 함께 먹는 중국을 제외하고, 다른 나라는 저녁을 혼자서 먹는 고등학생이 이렇게나 많다는 사실에 놀랐습니다.

나카노 정말 재미있네요. 역시 고독은 치유 행위인 걸까요? 인류 공통의 현상처럼 보입니다.

도표 13 일본 · 미국 · 중국 · 한국 고등학생의 혼밥률

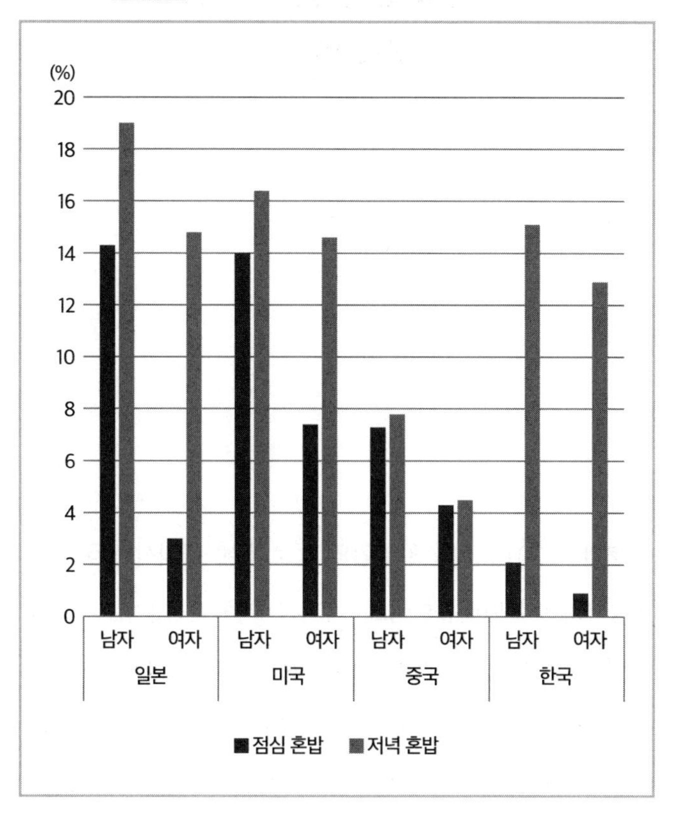

※ 2018년 국립청소년교육진흥기구 '고등학생의 심신 건강에 관한 의식 조사-일본 · 미국 · 중국 · 한국의 비교'를 참고하여 아라카와 가즈히사 작성.

'혼밥'을 하는 사람은 불쌍하다?

아라카와 2019년에 '일본인의 솔로화'에 관해서 영국 공영 방송 BBC와 인터뷰했어요. 거기서 '이치란' 이야기가 나왔는데, 영국에서 봤을 때 이곳이 일본 특유의 스타일처럼 느껴진다고 합니다. 차에 '다도'가 있듯이 이치란의 맛에 집중할 수 있는 바 자리는 '라멘도'에 가깝다고요. 즉, 좁은 다실에 들어가 주인에게 차를 대접받고, 진지하게 맛보는 다도의 라멘 버전인 거죠. 점원과 얼굴을 마주 보지 않아도 되니까요.

나카노 카운터에서 보이는 건 손뿐이잖아요.

아라카와 그렇습니다. 마치 상대방과 승부를 겨루는 듯한 느낌입니다. 일본인은 혼밥에 진지하게 임한다고 말했습니다. 이치란 이야기 외에 1인 노래방과 혼자가 아니면 들어갈 수 없는 1인 전용 바 이야기도 했습니다. 혼자 온 사람들끼리 이야기를 나눌 순 있지만, 다른 사람과 함께 방문하는 것은 금지된 바가 있습니다. 이런 이야기를 하자 BBC는 일본인은 혼자서 식사하는 일 자체가 문화로 정착되어 있다면서 '슈퍼 솔로 문화'라는 제목으로 방영했습니다.

영국은 '고독 담당 장관'이라는 자리를 만들고 고독을 악으로 정의해 사회를 이끌어가고 있어서 분명히 이 특집은 비난받을 거라고 생각했습니다. 그러나 막상 방영되자 '나도 일본에 가고 싶다'거나 '나도 혼자 밥을 먹고 싶다'는 영국인들의 반응이 쏟아졌습니다. 영국인도 타인과 함께 밥을 먹고 있지만, 사실은 싫어하는 사람도 있을지 모르겠다고 생각했습니다.

나카노 역시 인간관계가 가장 큰 스트레스네요.

아라카와 그런 걸 생각하면 흑백으로 나눌 필요가 없죠. 모두와 식사하고 싶으면 그렇게 하면 되고, 혼자 먹고 싶으면 혼자서 먹으면 됩니다. 그러나 영국에는 그런 환경이 마련되어 있지 않습니다.

나카노 그렇군요. 혼자서는 안 된다는 중압감이 있군요.

아라카와 수년 전 일본에서 고등학생, 대학생의 '화장실 식사'가 엄청나게 화제였잖아요. 모두와 밥 먹는 일이 당연하게 여겨지니까 혼자서 먹고 싶으면 화장실로 가라며 괴롭히는 경우가 생겼죠.

나카노 영국에도 모두와 함께 식사하는 데서 오는 스트레스를 집에 돌아와 혼밥으로 푸는 사람이 있겠지요.

아라카와 그렇겠네요. 일본에서 '화장실 식사'가 화제가 된 것도 불과 몇 년 전으로 비교적 최근입니다. 하지만 지금은 대학생이 혼자 점심을 먹어도 주위에서 뭐라고 하지 않아요. 그게 일반적이라고 생각하니까요.

고독에는 '선택적 고독'과 '배제에 의한 고독'이 있다

나카노 사실 고독에도 두 종류가 있습니다. '선택적 고독'과 '배제에 의한 고독'입니다. '선택적 고독'은 매우 사치스러운 것으로, 혼자서 실행할 수 있는 경제력이 필요합니다. 시간적 여유와 혼자 살 수 있는 공간과 같은 경제적 기반이 마련되었을 때 누릴 수 있는 '사치로서의 고독'입니다. 스스로 선택했기 때문에 기분도 매우 좋습니다. 내 마음대로 할 수 있으니까요.

한편으로 '배제에 의한 고독'은 환경에 잘 적응하지 못함으로써 생깁니다. 잘 융화되지 못해서 느끼는 고독감은 큰 스트레스가 됩니다. '화장실 식사'라는 말이 유행했을 무렵에 “너 적응 못 하고 있네”, “넌 낙오자야”라는 말을 들은 이들이 느꼈을 고독이죠.

아라카와 그렇습니다.

나카노 영국의 고독 담당 장관은 그쪽에 주력하고 있습니다. 거기서는 고독이 두 종류로 나뉜다는 개념은 애초에 존재하지 않습니다. 배제된 고독한 사람, 즉 집단에서 튕겨 나온 사람을 어떻게 구할지를 논의합니다.

아라카와 그렇군요. 그래서 ‘혼자 있는 사람은 모두 외롭다’라고 규정하는 분위기가 영국에 있다고 보는데요. 혼자 있어도 전혀 외롭지 않은 사람도 있는데, 혼자 있으면 당연히 외로울 거라고 간주해버립니다. 이것은 역설적으로 매우 위험한 생각입니다. ‘모두와 왁자지껄 떠드는 사람은 외롭지 않다’라는 이야기가 되어버리거든요. 사실 가장 큰 고독은 많은 사람에게 둘러싸여 있음에도 ‘굉장히 고독하다’고 느끼는 거죠. 그게 최악의 고독 아닐까요? 오히려 제일 위험해요. 그래서 의외로 어제까지 친구와 잘 놀다가 갑자기 자살하는 사람도 있습니다. 타인과 함께 있기에 자신의 고독을 더욱더 강하게 느끼는 거죠.

나카노 숨은 고독이군요.

아라카와 그렇습니다. 대부분의 사람은 모두와 시끌벅적 떠들고 있으면 괜찮아 보인다거나, 가족이나 친구가 있으면 안심이라는 등 겉모습만 보고 판단할 뿐, 내면은 잘 알지 못합니다.

나카노 확실히 그렇습니다. 2세대 주택(한 건물에 부모 세대와 자식 세대가 각기 독립된 살림을 할 수 있게 만든 주택-옮긴이)에서 가족과 함께 살고 있음에도 할머니가 돌아가시고 일주일 동안 아무도 눈치채지 못한 사건도 벌어졌습니다. 이처럼 가족과 함께 살아도 고독은 존재합니다. 겉보기에는 전혀 문제가 없지만, 소통이 단절된 상태라고 할 수 있습니다.

친구 수를 공개해
고독을 증진하는 SNS

아라카와 '메신저 단체 채팅방에도 속해 있고, 회식도 권유 받지만 모두 정말로 나를 신경 쓰고 있을까? 이해하고 있을까?'라고 느끼는 고독감도 있겠지요. 결국은 단체 채팅방에 속해 있을 뿐, 개인적으로 "○○야, 같이 가지 않을래?"라고는 안 하거든요. 그룹 전체에 대해서만 "○월 ○일, 술 마시러 가지 않을래?"라고 권유하고, 거기에 대해서 개개인이 가겠다고 대답하는데요. 사람을 사귈 때 개인 대 개인의 관계성이 점점 희미해지고, 어떤 무리에 단순히 속해 있을 뿐인 형태가 되고 있지 않나 생각합니다.

나카노 고독의 정의가 약간 바뀌었네요.

아라카와 그렇습니다. 항상 단체로 시끌벅적 웃고 떠드는 와중에 문득 '나는 이 사람들과 무엇으로 연결되어 있을까? 이 사람들이 나에 대해 뭘 알까? 내가 이 아이에 대해 무엇을 알고 있을까?'라는 생각이 들기도 합니다.

나카노 자신의 의지가 반영되지 않은 거죠. 그런 상태에 놓일 정도라면 선택적으로 혼자 있는 편이 더욱 풍요로운 시간을 보낼 수 있고, 원할 때 타인과 대화하는 편이 본질적으로는 고독하지 않을지도 모르겠네요. 모두와 함께 있더라도 자신의 의지대로 타인과 대화할 수 없는 수동적인 상태에 놓인다면 고독할 수도 있고요.

아라카와 "친구와 함께 있는데 그런 고독을 느끼는 사람은 어떻게 해야 하나요?"라고 주변에서 자주 물어보는데요. 주변에 친구들을 두면 해결된다는 사고방식 자체를 경계해야 하며, 주변에 친구가 있든 없든 그것과는 관계가 없다고 생각해야 합니다.

나카노 맞습니다. 그건 비교할 수 없으니까요.

아라카와 그렇습니다. 결국, 해결책은 더 많은 친구를 사귀거나, 더 밀접하게 교류하는 것뿐이라고 생각하게 됩니다. 하지만 그렇게 하면 할수록 더 고독해지겠지요.

나카노 정말 흥미롭네요. SNS에 들어가면 친구가 몇 명인지 볼 수 있잖아요. 페이스북 친구라든지, 트위터 폴로어 수와 같은 척도로요. SNS상에서 친구 수가 가시화되어 그 수가 많은 사람이 승자처럼 여겨지는 현상이 생겼는데요. 하지만 SNS의 '좋아요 수'나 '폴로어 수' 등은 진정한 만족감이 느껴지는 커뮤니케이션과는 다릅니다.

친구가 많으면 승자라는 인식이 생겨버리면 고독한 사람은 더욱 멸시받습니다. "재는 폴로어가 ○○명밖에 없어." 이런 이야기를 듣는 거죠. 그런데 문제는 관계성의 질적인 부분을 평가할 만한 기준이 없어요. 질에 대해서는 비교하기 어려우니까요. 본질적인 부분을 판단하는 기준이 있으면 좋은데, 그것이 없습니다. 이것이 없으면 남과 비교되어 괴로운 것이 아니라, 내 생활과 인생이 정말로 충실한지를 스스로 판단하지 못해 굉장히 외로워집니다.

아라카와 정말로 그렇습니다. 자신의 생활과 인생이 충실한지를 스스로 판단할 수 없고, 친구 수라든지, 놀러 가는 횟수, 사람들과 어울리며 찍은 사진의 매수 등 객관적인 결과물로밖에 인정받지 못하게 된 것 자체가 제일 문제라는 사실을 눈치채야 합니다.

다만, 사람들 안에 있으면서도 고독을 느끼는 사람은 혼자 있어도 고독을 느끼겠죠. 결국 자기 혼자서는 안 되겠다는 생각에 모두가 있는 곳으로 돌아가지만, 그래도 외롭긴 마찬가지고요. 그렇게 되면 평생 고독할 수밖에 없습니다. 어디에 있어도 고독해집니다.

SNS에서 사이가 좋다고 과시하는 부부는 사실 이혼 직전이다?

나카노　그렇다면 결혼하면 가정이나 일에 충실해질까요? 그렇지 않습니다. 3분의 1은 이혼한다고 하니까요. 연예인들 보면 아무리 행복한 것처럼 보여도 불륜이 들통나서 이혼 소송으로 진흙탕 싸움을 하지 않습니까. 그 속사정을 외부에서는 절대 알 수 없습니다.

이혼 전문 변호사의 이야기를 들어보면, 부부 사이가 좋다고 SNS에서 과시하는 사람일수록 위험하다고 합니다. 과시하지 않으면 안 될 정도로 부부 사이가 망가졌는데, 어떻게든 자신을 타이르고 관계를 개선하려는 노력의 표현이기 때문에 원앙 부부 이미지를 강조하는 사람은 믿지 않는다고 하더라고요.

아라카와 연예인도 불행한 직업이죠.

나카노 사적인 관계도 비즈니스적으로 활용할 것을 사실상 요구받는 직업이니까요. 연예인 부부라면, 사이 좋은 모습을 보이면 함께 세제 광고를 찍을 수 있겠다는 계산이 서죠.

아라카와 그렇습니다. 비즈니스가 꽤 많아요. 어떤 의미로는 불쌍하다는 생각도 듭니다. 쉽게 이혼은 못 하는 거예요. 계약이 걸려 있으니까.

나카노 예를 들어, 광고 계약을 맺었다거나 하면 헤어지기 상당히 어렵죠.

가정 폭력을 당해도 헤어질 수 없다 -인지적 불협화의 덫

나카노 연예인은 사정이 있다고 하더라도, 일반인들도 가정에 충실하다든가 부부 사이가 좋다고 어필하잖아요. '결혼기념일이었다', '남편이 이런 꽃다발을 사 왔다'는 식으로 말이죠. 사실은 전날 심한 가정 폭력이 일어났고, 그래서 미안하다며 상대방을 위하는 척 꽃다발을 사 왔을지도 모르는데, 그 꽃다발에 관한 내용만 SNS에 올리거나 하는 거죠. 그걸 본 사람들은 정말 사이가 좋다고 생각하지만, 내부 사정은 참혹한 경우가 꽤 있습니다.

아라카와 그러한 가정 폭력이나 불행을 겪었음에도 행복해

보이는 모습을 외부에 어필하는 이유가 뭔가요?

나카노 증명하고 싶은 겁니다. '나는 비참한 사람이 아니야', '나는 배우자에게 폭력을 당했지만, 그는 애정 표현으로 나에게만 이렇게 해'라는 식으로 생각하려고 합니다. 그런 여성들에게 '인지적 불협화'가 일어나기 때문인데요. 그렇게 심한 일을 당했는데도 함께 있다는 것은 모순이잖아요. 그 모순을 해소하기 위해 '함께 있다'는 쪽 대신 '이렇게 심한 일을 당하고 있다'는 쪽을 바꾸는 거죠. 험한 꼴을 당하는 것처럼 보이지만, 그건 그의 애정 표현일 뿐이라고요. 그래서 '오직 나만이 그를 받아줄 수 있다'든가, '이렇게까지 그에게 헌신했으니 나는 그를 사랑하는 것이 분명하다'와 같이 점점 자승자박하는 심리가 작용해 수렁에 빠지게 됩니다.

아라카와 그러한 상태를 '인지적 불협화'라고 하나요?

나카노 그렇습니다. 사실과 인지가 다른 상태를 '불협화'라고 합니다. 사실과 인지가 다르면 기분이 매우 불쾌해지므로 우리는 한쪽에 맞추고 싶고, 일치시키고 싶어 합니다. 하지만 '사실' 쪽은 절대로 바꿀 수 없으니 '인지' 쪽을 바꾸게 됩니다. 그에게 호되게 당하고 있지만, 그와 결혼한 사실은 좀처럼 바꿀 수 없습니다. 이혼이라는 선택지도 있지만, 경제적인 이유나 아이가 있다면 생각조차 할 수 없고요. 그런 이유로 '사실'은 바꿀 수 없습니다. 그렇지만 일단은 자기가 선택한 사람에게 가정 폭력을 당해서 괴롭고, 사실은 더 사랑받고 싶은데 이런 일을 당해서 싫다는 생각이 듭니다. '그가 싫다'는 인지가 생기죠.

거기서 사실과 인지 중 어느 쪽을 바꿔서 일치시키느냐. '나는 그를 좋아한다'고 인지를 바꿔서 사실 쪽에 맞춰버립니다. '그에게 폭력을 당하는 게 싫다'는 것을 '결혼했다'는 사실 쪽에 맞추는 거죠. 자신이 저축한 얼마 없는 돈도 그를 위해 써버렸고. 이런 식으로 인지 쪽을 바꿔서 그를 매우 사랑하는 것처럼 스스로 믿게 하려는 심리적인 처리를 거듭합니다. 이렇게 되면 주변에서 아무리 조언해도 좀처럼 객관적으로 볼 수 없습니다.

이것은 여성뿐만 아니라 남성이 여성을 사랑할 때도 마찬가지입니다. 룸살롱에서 일해보지 않아서 자세히는 모르지만, 룸살롱 종업원 여성은 남성에게 많은 돈을 쓰게 해놓고, 성관계를 할 듯 말 듯한 분위기를 연출하는데요. 우선은 이만큼 돈을 썼다는 사실을 만듭니다. 사실을 만들면 분명히 아무 생각도 없었던 사람 마음이 '사실'에 맞춰지는 경우가 생깁니다. 그런 점을 노리고 룸살롱 접대부는 남성에게 돈을 쓰게 합니다. 자신을 좋아하게 하려고 상대방에게 무언가를 시킨다, 즉 깊이 헌신하도록 하는 것이 인지적 불협화의 본질입니다.

아라카와 가정 폭력을 당하는데도 헤어지지 못하는 사람이 정말 많잖아요.

나카노 놀라울 정도로 많죠.

아라카와 2019년에 일어난 사건인데, 남편이 아이를 학대하는데도 도와주지 않은 엄마도 그런 사례죠.

나카노 더 이상 손을 댈 수 없는 거죠.

아라카와 오히려 학대하는 남편을 두둔했다고 합니다. 재판에서 말했지만 '내가 피해를 당하지 않기 위해서'라는 이유로요.

나카노 아이 편을 들면 자기가 공격당하니까 편을 들어줄 수 없었다는 식으로 말했던 것 같은데, 정말 그렇게 되는군요.

아라카와 이걸 뭐라고 설명할 수 있을까요?

나카노 안타깝지만, 개인의 의사 따윈 공동체 의사보다 약하다는 사실을 보여주는 경우가 아닐까요. 누군가와의 관계가 개인의 의사보다 우위에 있을 때가 많습니다. 그렇기 때문에 결국에는 누군가와 함께 있는 것이 스트레스가 되죠. 인간관계에 그런 불편함이 따르다 보니 세상이 정돈되면 혼자인 삶을 지향하는 것이 지극히 자연스러운 일이 되지 않을까요?

의사소통이 어려운 사람도 소통 기술은 학습할 수 있다

나카노 그렇지만 인간관계를 통해서만 생기는 치유 물질도 있습니다. 옥시토신, 흔히 '애정 호르몬'이라고 하는 물질이죠. 동물(쥐)을 사용한 실험에서 옥시토신을 투여한 개체와 생리 식염수를 제어하여 투여한 개체는 상처가 낫는 방법이 다르다는 사실을 알 수 있었습니다. 옥시토신을 투여하면 상처가 빨리 낫는다는 연구 결과가 있는데요. 다만 인간에게 효과가 있는지는 알 수 없습니다. 인간에게 일부러 상처를 낼 수는 없으니 새로운 연구가 필요합니다.

하지만 인간에 대해서도 신체 조직을 성장시키는 역할을 하므로 옥시토신이 몸을 회복시키거나 정신을 안정시키는 효과가 있다는 견해에 대체로 동의합니다. 옥시토신이 잘 분비되는 사람은 장기적으로 봤을 때 체중이 증가하는 경향이 나타납니다. 이른바 '행복한 살찌기'입니다.

한편 옥시토신은 인지에 작용하면 유대를 형성하는 호르몬이기 때문에 고독이 싫은 사람, 사람과 관계 맺기가 어려운 사람은 이 옥시토신을 알아두면 좋습니다. 옥시토신은 사람과 접촉하면서 분비되는데, (선택적 고독이 아닌) 고독으로 괴로워하는 사람은 그저 자신의 소통 기술이 부족해서라고 생각합니다. 타인과 소통하면 인정이나 공감을 받았다는 감각이 채워지는데요. 그 만족감이 없으면 외롭다고 느끼죠. 외로움을 극복하려면 적어도 인정이나 동의를 얻으면 되는데, 사실은 자기 스스로 인정해주면 돼요.

아라카와 그건 좀처럼 쉽지 않죠.

나카노 타인에게 인정받기 위한 소통 기술은 후천적으로 몸에 익힐 수 있으며, 차근차근 배우고 훈련하면 돼요. 성격이 안 좋아서 다른 사람과 잘 못 사귄다거나, 원래 불안을 잘 느끼는 성향이라서 친구를 사귀지 못한다는 것은 이유로서 그다지 타당하지 않습니다. 얼마든지 학습하면 배울 수 있기 때문에 전혀 비관할 필요 없으며 시간이 걸리더라도 의사소통 기술은 충분히 터득할 수 있습니다. 그러니 고독하다면서 외로워하지 말고 적극적으로 한 걸음이라도 더 나아가면 어떠냐고 말하고 싶습니다.

아라카와 후천적으로 배우려면 어떻게 해야 할까요?

나카노 의사소통을 잘하는 사람의 방식을 배우면 됩니다. 매우 간단하죠. 시간은 걸리겠지만, 시속 160킬로미터로 야구공을 던져달라는 식의 말도 안 되는 요구는 아닙니다. 커뮤니케이션이니까 공이 땅에 부딪쳐 튀어버려도 상대방이 잡아주면 되는 거잖아요.

아라카와 캐릭터 인공지능 스피커가 나오면 의사소통에 어려움을 겪는 사람도 술술 말하게 되지 않을까요? 알렉사처럼 기계적인 느낌이 아니라 인간미가 있는 인공지능 스피커요.

나카노 소프트뱅크 로보틱스가 만든 페퍼의 발전된 버전 같은 거군요.

반려동물을 기르면 의사소통 기술이 향상된다

아라카와 좀 더 온기를 느낄 수 있는 것이 나올지도 몰라요. 의외로 반려동물을 기르면 대부분 그 동물들과 수다를 떨게 되는데요. 그렇게 수다를 떨다 보면 확실히 옥시토신이 많이 분비되어 상당히 달라집니다. 외롭다고 괴로워할 바에야 차라리 반려동물을 기르는 편이 좋지 않을까요?

나카노 맞아요. 반려동물을 키우면 아이를 낳기 쉬워진다는 도시 전설 같은 이야기도 있잖아요. 실제로 옥시토신 분비량이 늘어나면 착상률이 올라갈 거라고 말하는 현장의 선생님들도 계시긴 합니다.

아라카와 그런 데이터가 있나요?

나카노 입양을 하자마자 임신했다는 이야기도 자주 들리는데요. 통계적인 조사는 없는 듯합니다.

아라카와 옥시토신은 사람이나 반려동물과 접촉하면 분비되는 '유대의 호르몬'인 거죠. 그런데 그런 소통이 전혀 없는 사람이 있거든요. 마음과 마음의 접촉이 정말 쭉 없는 사람. 더 말하자면, 성 경험이 없을 뿐만 아니라, 포옹하거나 손을 잡는 등 누군가와의 신체적인 접촉 경험이 전혀 없는 사람이 있어요. 그런 사람은 역시 그 부분이 채워지지 않는다고 할까요. 훈련되어 있지 않기 때문에 접촉을 늘리면 좋고요. 그것을 반려동물로 해소할 수 있다면 기르는 편이 좋지요.

나카노 뇌가 발달하는 시기에 옥시토신이 잘 나오는 무리와 그렇지 않은 무리는 뇌의 발달 정도가 다르지 않겠냐는 이야기도 있습니다. 옥시토신은 애정 호르몬, 유대의 호르몬 등 인지적인 것으로 여겨지지만, 육체와 뇌의 성장에도 큰 영향을 줍니다.

아라카와 이런 의문도 드네요. 도대체 '애정'이란 무엇일까요?

나카노 생물학적으로는 신체적 접촉이죠. 옥시토신을 나오게 하는 장치잖아요. 우리는 가볍게 '애정'이라고 말하는데, 친구나 동료와 함께 있도록 촉진하는 장치입니다.

아라카와 그렇게 인수 분해를 할 수도 있군요.

1,000년 후에는
사랑의 형태가 바뀐다?

나카노 '인수 분해'라는 표현이 재밌네요. 확실히 그런 느낌입니다. '사랑(애정)'은 도덕이나 종교적인 이야기라기보다는 인간의 생존에 필수 요소라고 생각하는데요. 인간의 몸은 약하니까 집단으로 모여서 살자든가, 아이가 어른이 될 때까지 협력해서 키울 수 있게 장치를 마련해놓자든가. 이런 점에서 '사랑(애정)'은 지상 과제가 아니라 단순히 생존 전략의 일환이었다고 봅니다. 사회가 발전함에 따라 그 형태가 어떻게 변할지도 궁금하고요.

아라카와 맞아요. 앞으로 변할 거라고 생각합니다.

나카노 저도 그렇게 생각해요. 500년, 1,000년쯤 지나면 양상이 상당히 달라질 겁니다. 그 모습을 보고 싶군요. 더욱이 인프라가 갖춰지면 더 이상 집단으로 있을 필요가 없어질 텐데, 그때 우리는 사랑을 어떻게 할까요?

아라카와 아마 사랑을 사지 않을까요?

나카노 사랑이 취미가 되겠군요.

아라카와 사랑을 사게 되는 겁니다. 마르쿠스 가브리엘이라는 철학자는 결혼을 소비의 하나라고 하더군요. 좀 더 나아가면 사랑을 소비하게 되는 거죠.

나카노 마치 사치품처럼요.

아라카와 돈이 없는 사람은 저렴한 사랑만 살 수 있고요.

나카노 사랑의 격차가 생기겠죠.

아라카와 "오늘은 사랑을 30% 할인합니다"라든지 그렇게 되지 않을까요. 소비도 정신적 충족을 위해 물건을 사잖아요. 소비함으로써 만족을 얻는다면 물건을 통해 만족을 사는 것이니 사랑을 사는 일도 가능하겠네요.

나카노 충분히 가능하죠. "사랑, 30분에 2,000엔입니다. 반짝 세일입니다"라는 식으로요(웃음).

아라카와 종교나 사기 같은 개념이 아니라 정말로 돈으로 사랑을 살 수 있다고 딱 잘라 말할 수 있게 되면, 오히려 사랑은 별로 가치가 없어지고 돈으로 쉽게 살 수 있는 것이 되겠죠. 그러면 앞에서 말한 일들이 생길지도 모르겠네요.

나카노 그 혁명에 맞서고 싶네요. 연애라는 가치도 아주 옛날부터 있었는데요. 헤이안 시대에는 귀족의 놀이였던 셈이지요. 원래 일본에서 '연애'라는 말이 생긴 것도 메이지 시대잖아요. 다자이 오사무 등이 놀이로서 자유롭게 연애를 즐겼습니다. 지금 우리는 대중화된 연애를 당연하게 즐기고 있지만, 옛날에는 그렇지 않았습니다. 약 100년간 이 정도로 변했으니 미래에도 그 모습이 상당히 달라지겠지요.

결혼 후 5년 안에 사랑이 식는 이유

나카노 저는 혼자서 보내는 시간이 없으면 살 수 없는 스타일인데요. 다행히도 남편이 현재 오사카에서 일합니다. 그래서 주말 부부로 지내고 있어요. 서로 답답하지도 않고 매우 좋더라고요. 계속 같이 있으면 숨이 막혀요. 샤워하는 법 같은 것도 정말 다르고, 서로 하고 싶은 말이 쌓여갑니다.

의사소통은 어릴 때부터 잘할 수 있는 것이 아니기 때문에 불완전한 채로 어른이 되지요. 서로의 말이 적절하게 전달이 안 되고 "도대체 왜 그러는 거야!" 이런 식으로 이야기를 하다가 인격 모독이 되어버리고, 결국에는 상대를 증오하게 되는 사람이 세상에 많습니다.

아라카와 이유가 뭘까요? 예전에는 분명히 서로 좋아했을 텐데, 전부 다 싫어진다니요.

나카노 꽤 간단히 설명할 수 있습니다. 노골적인 표현이라서 많은 사람이 받아들이지 않을지도 모르지만, 원래 연애 감정이나 누군가를 좋아하는 마음은 이성을 마비시키는 장치입니다. 예를 들면, 로맨틱한 감정이라든지 이런 거요.

그런데 특히 여성에게 결혼과 출산은 큰 부담이 됩니다. 출산은 목숨을 잃을지도 모르는 위험한 상황이기 때문에 이성적으로 생각하면 그런 선택은 절대 하고 싶지 않죠. 남성은 출산만큼 위험한 상황은 없지만, 육아에 참여해야 한다는 부담이 기다리고 있습니다. 남녀 모두 이 부담을 잊어버리게 하는 장치가 없다면 자손을 남길 수 없기에 이성을 '연애'로 마취할 필요가 있습니다. 마취된 동안에는 괜찮지만, 곧 마취가 풀립니다.

아라카와 제정신으로 돌아가죠.

나카노 그렇습니다. 서로 이성적인 상태로 돌아갔을 때, 상대가 여전히 멋있다고 생각하지 않으면 마음이 흔들리게 됩니다.

아라카와 그렇겠죠. 가장 많이 이혼하는 시기가 결혼한 지 5년 미만일 때라고 하는데, 그렇다면 그 마취는 기껏해야 5년 정도밖에 지속되지 않는 걸까요?

나카노 그 이성의 마취는 빠르면 수개월 만에 풀립니다. 길어야 4년이라고 하네요.

아라카와 마취가 풀린 이후에도 부부 관계를 이어가는 이유는 아이가 태어나고 애정이 아이에게 옮겨지기 때문이죠.

나카노 말씀하신 대로입니다. 부부라기보다는 '공동 경영자'처럼 됩니다.

아라카와 맞아요. 키우긴 힘들지만, 아이가 너무 사랑스럽죠. 그러니까 열심히 돌보고, 또 몇 년 후에는 둘째가 태어나고요. 연속 마취 같은 겁니다.

나카노 그렇군요.

아라카와 그 마취가 풀리면 어느 날 갑자기 '할아버지 냄새 나는 아저씨가 우리 집에 있네'라는 식으로 생각하게 되죠(웃음).

나카노 정신이 번쩍 드네요. 여러 사람에게 이야기를 들어보니 정말 그렇더라고요. 둘째 아이가 초등학교 고학년 정도가 되면 외도하기 시작하는 사람이 많다고 들었습니다. 덧붙여서, 혹시 불륜을 시작하는 시기가 결혼하고 나서 얼마나 지났을 때인지 통계로 나와 있나요?

아라카와 없습니다.

나카노 없군요. 알아볼 순 없을까요?

아라카와 바람피우는 비율은 조사해봤습니다. 다음 도표를 보면 바람피우는 기혼자는 남녀 모두 30% 정도입니다. 그렇게 많지는 않네요.

나카노 말하지 않을(걸리지 않을) 뿐일 수도 있어요. 이혼하면 여성이 더 타격이 크니까요.

도표 14 **미혼·기혼 남녀별 바람피우는 비율**

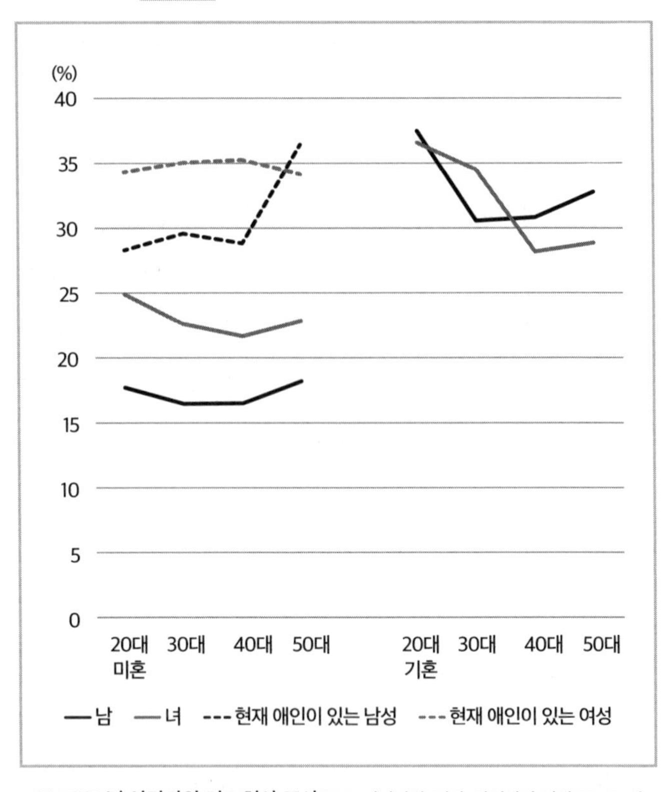

※ 2020년 아라카와 가즈히사 조사(도쿄, 가나가와, 지바, 사이타마 지역 20~50대 미혼·기혼 남녀)에서 '지금까지 바람을 피운 적이 있다'고 답한 비율.

아라카와 그럴 수도 있겠네요. 남자는 금방 들킬 것 같습니다(웃음). 다만 미혼자 전체로 보면 바람피우는 비율이 낮아

보이는데요. 현재 애인이 있는 사람으로만 한정하면 기혼자와 마찬가지로 남녀 모두 30%입니다. 이 '3할의 법칙'은 나중에 자세히 이야기하겠습니다.

남성의 이혼과 자살은 상관관계가 높다

아라카와 연애의 마취가 풀렸을 때, 즉 결혼 후 5년 이내가 이혼율이 가장 높다고 이야기했는데요. 다음 도표 15는 이혼한 남성과 자살의 상관관계를 나타내고 있습니다. 흔히 자살률은 실업률과 관계가 있다고 하는데요. 이 그래프는 이혼율과 자살률의 상관관계를 나타낸 것입니다. 여성과 달리 남성은 매우 상관관계가 높습니다. 0.92로 거의 1에 가까워요.

나카노 0.92라니, 좀처럼 보기 힘든 숫자네요.

아라카와 이혼하면 거의 대부분 자살한다고는 할 수 없지

도표 15 남녀별 자살률과 이혼율의 상관관계

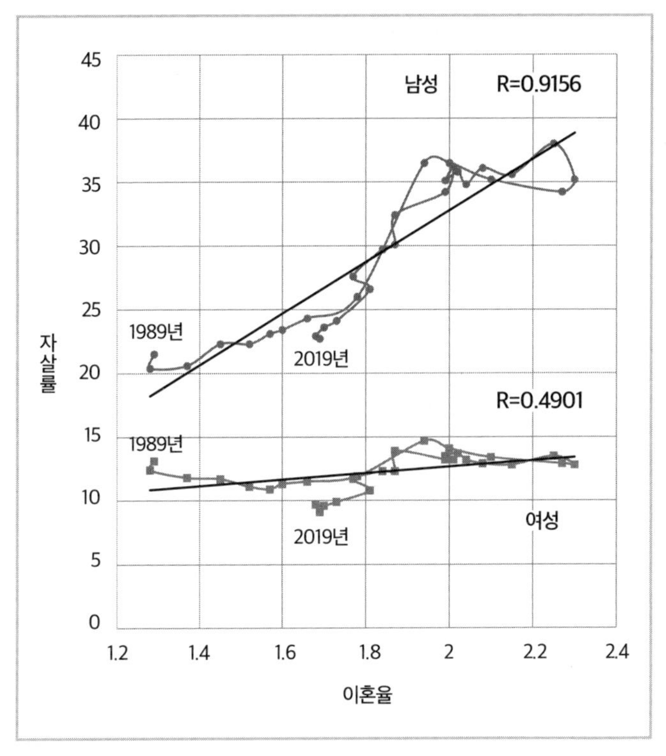

※ 자살률: 2010년 이전은 경찰청 통계, 2011년 이후는 후생노동성 통계를 참고(인구 10만 명 대비).

이혼율: 인구 동태 조사 참고(인구 1,000명 대비).

아라카와 가즈히사 작성. 둘 다 기간은 1989년부터 2019년까지.

만, 남성의 이혼과 자살은 상관관계가 아주 높다는 거죠. 이것은 헤이세이(아키히토 전 일왕의 재위 기간인 1989~2019년까지 사용한 연호-옮긴이)가 되고 나서의 데이터를 추출한 것입니다. 헤이세이에는 자살자가 많았지요.

나카노 확실히 많았습니다.

아라카와 이 조사 결과에서 '남성은 이혼을 견뎌낼 수 없다'는 사실을 읽어낼 수 있습니다. 부인에게 대체 얼마나 의존하고 있느냐는 생각이 드네요.

나카노 충격적인 데이터입니다. 반대로 여성은 이혼율과 자살률이 전혀 관계가 없다는 것이 무엇보다 인상적이네요.

3장

솔로의 행복, 기혼자의 행복

이 장에서는 개인의 행복도를 크게 좌우하는 '자기 긍정감'을 주제로 다룹니다. 애초에 자기 긍정감의 축이란 무엇일까요? 또한, 소유 가치나 체험 가치가 아닌 정신적 만족을 위해 돈과 시간을 들이는 새로운 소비 스타일 '에모(감정, emotional) 소비'(한국에서 유행한 '홧김 비용', '쓸쓸 비용' 등과 비슷한 개념이다 - 옮긴이)에 대해 생각합니다.

솔로 여성은
철저하게 '사랑보다 돈'

아라카와 남녀의 차이가 있다는 것은 모두가 이해할 만한 경향인데요. 의외로 솔로와 기혼자가 큰 차이를 보입니다. 바꿔 말하면, 솔로 남성과 솔로 여성에게는 공통점이 많습니다. 가장 이해하기 쉬운 예를 들자면, 솔로 남녀는 기혼 남녀와 비교했을 때 압도적으로 혼자 있는 것을 좋아합니다. 누군가와 함께 있을 때와 혼자 있을 때, 둘 중 어느 쪽이 더 마음이 흡족한지에 대한 질문에 기혼 남녀는 전자 50~60%, 후자 20% 이하였지만, 솔로 남녀는 정반대였습니다. 전자 20% 이하, 후자 50~60%입니다. 즉, 혼자가 좋아서 솔로인 겁니다.

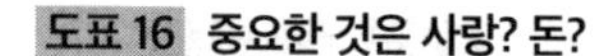

도표 16 중요한 것은 사랑? 돈?

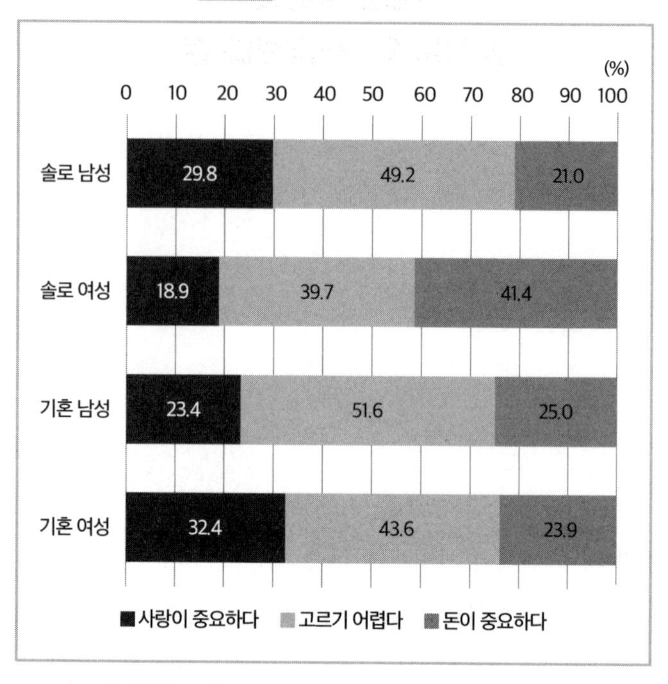

※ 2018년 아라카와 가즈히사 조사(20~50대 미혼 · 기혼 남녀).

심지어 의외의 결과라고 생각하는 분들도 계시겠지만, 솔로 남성보다 솔로 여성이 혼자가 좋다고 답한 비율이 높습니다. 그리고 솔로 여성은 기혼자보다 압도적으로 사랑보다 돈이 중요하다고 생각합니다(도표 16).

나카노 아, 그것도 확 와닿네요.

아라카와 그들이 믿는 건 사랑이 아닌 돈입니다. 또한 솔로 남성보다 솔로 여성이 사랑보다 돈을 택합니다. 오히려 솔로 남성은 기혼자와 비슷하게 30%나 사랑을 믿는다고 답했는데, 솔로 여성은 철저히 사랑보다 돈을 선택했습니다.

나카노 일반적으로 그런 것 같네요. 저는 그 반대를 선택해버렸지만요(웃음). 이렇게 남녀가 차이를 보인다는 내용에 대해 인터넷상에서 엄청난 비난이 쏟아지거나 하지는 않을 거라고 생각합니다.

남성이 여성을 선택할 때와 여성이 남성을 선택할 때의 기준은 뇌의 활동을 보면 확실히 다릅니다. 물론 개인차는 있지만, 일반적으로 여성을 고를 때 남성은 뇌의 시각 관련 영역을 사용해서 여성의 외모, 즉 잘록한 허리와 가슴, 얼굴 등을 봅니다.

한편, 여성의 뇌는 어디가 활성화될까요? 시각 관련 영역은 아닙니다. 남성을 고를 때 활성화되는 곳은 '전대상피질'이라는 전두엽의 일부예요. 거기는 모순을 찾아내는 곳인데요. 그 남성의 언행이 일치하는지, 거짓말을 하진 않는지, 육아를 함께 해줄지, 아이를 키울 만한 자산을 가졌는지 등을 본다고 합니다. 이런 것들을 보고하는 연구 그룹이 있어요. 그렇다면 여성에게는 '사랑은 돈'이라는 사고방식이 생기기 쉬워지죠. 남성에게 '사랑은 외모'가 될지도 모르지만요. 여성은 남성이 자원을 자신과 아이에게 나눠 줄 사람인지를 판별하려는 것입니다. 충분히 이해가 가는 결과입니다.

언젠가는 결혼할 수 있다
-솔로 남성은 로맨티시스트

아라카와 그렇군요. 기혼 여성은 어쩌면 그런 남자를 알아본 거네요.

나카노 기혼 여성은 그렇겠지요. 솔로 여성은 아직 그런 사람을 만나지 못한 것이고요. 그 기준이 너무 높아서 고르지 못했을 수도 있고요.

아라카와 오히려 더는 남자에게 기대지 않고 혼자 살아갈 수 있다고 생각할지도 몰라요.

나카노 그렇다면 도표 16의 솔로 여성은 그렇게 작정한 사람인가요?

아라카와 그렇게 살기로 결정했는지는 알 수 없습니다. 그러나 일단 20대부터 50대까지의 독신 여성을 폭넓게 포함하고 있습니다.

나카노 저와 같은 세대나 그 이상인데 결혼 활동을 하지 않은 사람이라면 그럴지도 모르겠네요.

아라카와 저는 솔로 남성 쪽이 의외로 로맨틱한 사랑을 믿는다고 생각했습니다. 언제든 결혼할 수 있다고 믿고요.

나카노 저도 그렇다고 봅니다. 의외로 유리 심장이고, 환상도 쉽게 품고요. 남자 쪽이 가슴이 두근거리는 일에 약한 느낌입니다.

남성화하는
솔로 여성

아라카와 또 다른 특징을 이야기해보자면 솔로가 이론적입니다. 그리고 솔로들은 협조성이 없어요. 협조성이 있는 건 기혼 여성뿐입니다. 그리고 재미있는 사실은 솔로 남성, 솔로 여성, 기혼 남성이 닮았다는 점입니다. 즉, 이른바 남성에게 많이 나타나는 특성과 솔로 여성의 특성이 맞아떨어집니다.

나카노 역시 그렇군요.

아라카와 경제적으로 자립해야만 한다는 생각은 보통 남자들이 가질 법한 것이죠.

나카노 그렇다면 남성에 대한 고정 관념 위협(217쪽 참고)을 솔로 여성이 똑같이 받고 있을 수도 있겠네요.

아라카와 그래서 솔로 여성은 울지 못합니다. 보통 잘 안 울어요.

나카노 '여자는 괴로워' 이런 느낌이죠, 보통은.

아라카와 울면 "여자이니까 이해해"라고 주변에서 말하는 게 싫다거나 그런 거죠.

나카노 결혼한 사람도 우는 경우가 많은데 말이죠. 오히려 결혼한 남성인데도 우는 사람이 있습니다.

솔로 남녀의 불행도는 40대에 정점에 이른다

아라카와 다음 특징으로 솔로는 불행도가 높습니다. 연령별 불행도를 기혼 남녀, 솔로 남녀로 구분해 살펴본 데이터가 도표 17입니다. 기혼 남녀의 행복도가 이렇게나 높다는 사실에 놀랐습니다. 막대그래프 ①이 행복함, ③이 불행함을 나타냅니다. ②는 어느 쪽도 아닙니다. 기혼 남녀는 거의 전 연령대에서 절반 이상이 행복함을 느낀다는 결과입니다. 참고로 이건 주관적인 평가입니다. 내가 행복한지, 불행한지를 5단계로 평가한 앙케트입니다.

나카노 기혼자의 절반 이상이 행복하다고 답했군요.

아라카와 이 조사에서 40대 솔로 남녀의 불행도(불행감)가 가장 높다는 사실을 알 수 있습니다. 오히려 20대는 기혼자와 별로 다르지 않습니다. 약 5년 정도 같은 조사를 계속 진행했는데, 나이가 들수록 불행도가 높아지는 경향은 거의 동일합니다.

나카노 30대였던 사람이 40대가 되어도 불행한 마음은 변하지 않는군요.

아라카와 그렇습니다. 40대에 불행도가 정점에 다다르는 듯한 느낌은 변하지 않습니다. 얼마 전 처음으로 60대도 조사했는데, 60대가 되면 불행도가 낮아집니다. 40대에 정점을 찍고 나이가 들면 점점 내려갑니다.

나카노 어딘가에서 비슷한 결과를 본 기억이 있습니다. 이렇게 분류는 하지 않았지만, 인생에서 가장 불행도가 높은 나이가 46세라고 하더군요. 저는 그 시기가 내년에 오는데요(웃음). 이것과 관련되는 결과라고 생각합니다.

도표 17 솔로와 기혼자의 연령별 행복도 차이

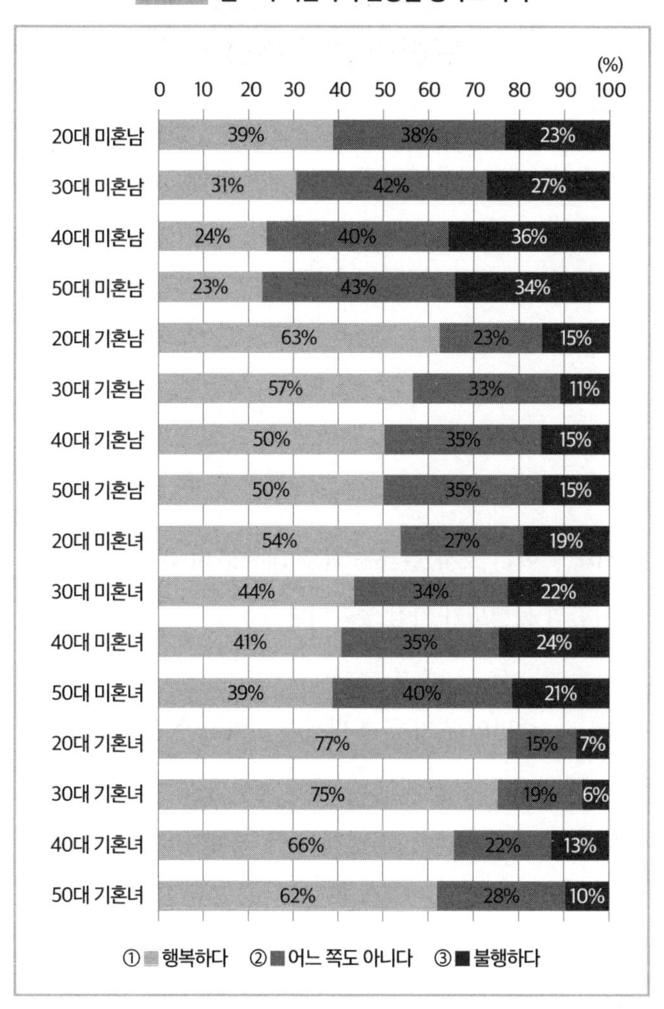

※ 2020년 아라카와 가즈히사 조사(20~50대 미혼 · 기혼 남녀 대상).

세계적으로 봐도 독신이 불행하다?

아라카와 여러 조사 결과를 봐도 대부분 40대, 게다가 독신인 사람의 불행도가 가장 높습니다.

나카노 중년의 위기 극복 방식이 달라져야 할 텐데요.

아라카와 딱 그때쯤에 몸 상태가 안 좋아져서 그런 거 아닐까요?

나카노 그렇겠네요. 또한 남녀 모두 호르몬 균형이 달라집니다. 남성도 남성 호르몬이 나오지 않고, 여성도 여성 호르몬이 나오지 않게 됩니다. 그러면 지금까지 정신적으로 컨트롤할 수 있었던 부분에 대한 조절 능력이 떨어집니다.

아라카와 세계 가치관 조사 등을 나라별로 살펴봐도 거의 모든 나라에서 독신이 불행하다는 결과가 나왔습니다.

나카노 만국 공통의 현상이네요.

아라카와 그중에서도 특히 일본 독신의 불행도가 높습니다.

솔로 남성은
유능한 자신밖에 긍정하지 못한다

아라카와 솔로 남녀의 불행도가 높은 이유를 한층 더 깊이 이해하기 위해 미혼·기혼 남녀의 자기 긍정감과 자기 유능감 차이를 비교해보았습니다(도표 18).

나카노 기혼자와 솔로의 결과가 상당히 다르네요.

아라카와 재밌는 사실은 기혼 남성과 여성은 자기 유능감이 마이너스입니다. 자신을 별로 유능하지 않다고 생각하는데, 반대로 자기 긍정감은 매우 높습니다. 한편, 솔로 남성의 경우에는 자기 유능감은 웬만큼 있지만, 자기 긍정감은 자기

도표 18 미혼 · 기혼자별로 본 자기 긍정감, 자기 유능감 조사

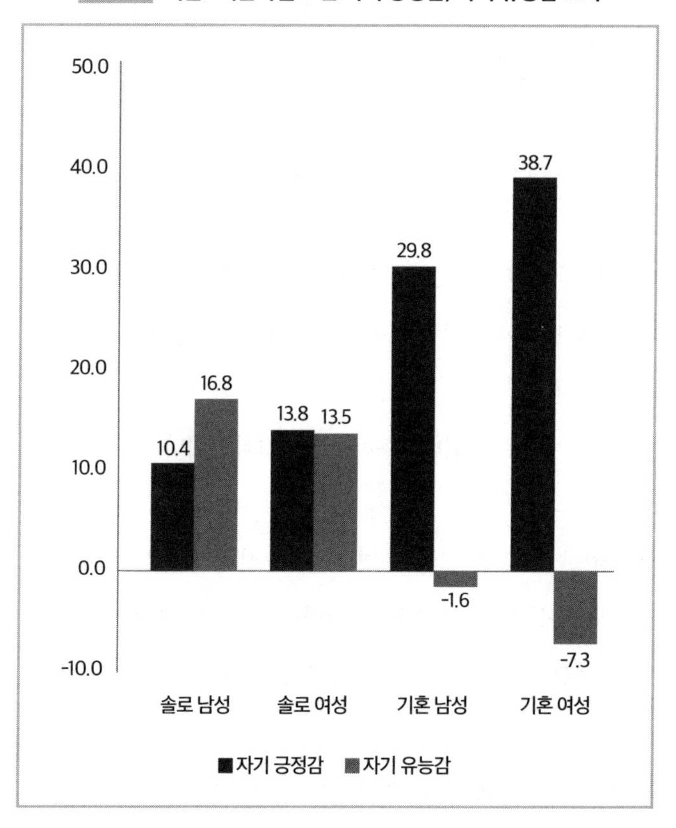

※ 2016년 도쿄, 가나가와, 지바, 사이타마 지역 20~50대 미혼 · 기혼 남녀 대상 조사를 참고하여 아라카와 가즈히사 작성. 자기 긍정감, 자기 유능감 모두 '있다'와 '없다'의 차이 표시. 마이너스 표시는 '없다' 쪽이 많은 경우.

유능감보다 낮아요. 즉, 솔로 남성은 유능한 자신밖에 긍정할 수 없는 거죠.

나카노 자신에 대한 조건부 애정이네요.

아라카와 기혼자는 그런 걸 신경 쓰지 않죠. 기혼자와 솔로의 행복도 차이는 이런 데에서 오지 않나 싶습니다.

나카노 매우 재밌네요. 충격적인 결과입니다.

아라카와 솔로는 결국 유명 대학 출신이라든가, 일류 기업에 다닌다든가, 연봉이 몇 억이라든가, 이런 게 아니면 자신을 긍정할 수 없다는 논리가 되어버립니다.

나카노 그렇군요. 조건부 애정이란 그 조건이 사라지면 덧없이 사라지는 모래성과 같으니까요.

누구와 함께 있든 나는 나

아라카와 초점 착각focusing illusion(확신에서 생기는 환상)이라고 하는데요. 결혼하거나 좋은 회사에 들어가면 행복해질 거라고 생각하는 것과 비슷합니다.

나카노 결혼하면 자기 긍정감이 올라간다고 말하긴 어렵습니다. 원래 자기 긍정감이 높은 사람이 결혼했을 수도 있거든요.

아라카와 그렇죠.

나카노 어디까지나 추측이지만, '이 사람과 결혼하면 인생 역전을 노릴 수 있다'는 생각으로 결혼 활동을 하는 사람도 있겠죠. 하지만 그것은 마치 신기루를 좇는 것과 같습니다.

누구와 결혼하든 나는 나에게서 도망칠 수 없고, 나는 그대로입니다. 결혼으로 자신을 바꾸려는 사람보다는 상대방이 머리가 좋고 재치가 있어서 좋다거나, 온화한 성격의 사람과 함께 즐겁게 살고 싶다고 생각하는 사람이 좀 더 결혼하기 쉽지 않겠냐는 인상도 있습니다. 요컨대 원래 자기 긍정감이 높아서 누구와 함께 있든 '나는 나'라고 생각할 수 있는 사람만이 결혼하지 않겠냐는 가설입니다.

인스타그램 사진으로 알 수 있는 자기 긍정감의 높이

아라카와 그렇군요. 조사하면서 재밌었던 점은 몇 번이나 해도 같은 결과가 나오더라고요. 자기 긍정감이란, 행복도와 거의 같잖아요. 그러니 이 자기 긍정감을 높이지 않으면 시간이 아무리 흘러도 계속 불행하겠죠. 이 자기 긍정감과 관련해서 이른바 '인스타용 사진'에서 아주 흥미로운 경향이 보입니다. 자기 긍정감이 높고 행복도가 최고조에 이른 여성의 인스타그램 사진을 보면 어딘가에 반드시 자기 모습이 찍혀 있습니다. 그것이 꼭 얼굴은 아닙니다. 뒷모습이든, 손이든, 그림자든 사진 안에 자기 모습이 들어가 있습니다. 사람들에게 '좋아요'를 받고 싶은 건 자신이니까요.

예를 들면, 인기 가게의 아이스크림 사진을 찍을 때도 반드시 자기 손과 함께 찍습니다. 주인공은 아이스크림이 아니라, '이 아이스크림을 고른 나'이니까요. 아이스크림은 어디까지나 도구일 뿐, 이것을 고른 내가 '좋아요'를 받기를 원합니다.

나카노 어느 정도 사람들이 '좋아요'를 눌러줄 거라는 믿음이 있으니 글을 올리는 거죠.

아라카와 한편 자기 긍정감이 없는 남성의 인스타그램은 물건 사진으로 가득합니다. 라멘집, 풍경, 공장, 오토바이, 벚꽃, 후지산 등.

나카노 제 인스타그램도 그런 느낌입니다.

아라카와 아, 죄송합니다(웃음). 그들은 자기 사진을 거의 안 찍습니다.

나카노 저도 그래요. 방송 프로그램이나 책 광고 등을 제외하고는 저를 찍은 사진이 없습니다. 더 올려볼까 봐요.

아라카와 그들은 스마트폰 앨범 자체에 셀피가 거의 없습니다. 뭔가 그 점이 재밌어요. 셀피 수로 자기 긍정감을 수량화할 수 있을지도 몰라요.

나카노 좋은 척도네요. 참신하면서도 본질적이라고 생각합니다.

외모가 뛰어나도 자기 긍정감은 올라가지 않는다

아라카와 자기 긍정감이 낮은 사람은 자기 얼굴과 목소리, 움직임 등을 싫어합니다. 그리고 인스타그램뿐만 아니라 틱톡(동영상 서비스)도 안 합니다.

나카노 그렇군요. 아무리 미인이라도 자기 긍정감이 낮은 사람은 자기 사진을 올리지 않습니다. 그러니까 외모는 그다지 상관없습니다.

아라카와 맞아요. 자기는 외모가 별로니까 셀피를 올리고 싶지 않다는 사람도, 그 주변 사람들에게는 외모가 좋고 나쁘

고를 떠나서 익숙한 얼굴이잖아요. 주변에서는 외모가 별로라고 생각하는 이유를 전혀 모릅니다. 어디까지나 본인의 척도일 뿐입니다.

그래서 자기 긍정감이 낮은 사람에게 '인스타그램을 하는 여성이 찍을 법한, 해변에서 모두와 손잡고 점프하는 사진'을 찍자고 권하면 좋습니다. 이런 사진들을 많이 찍다 보면 자기 긍정감이 올라가거든요.

나카노 그렇군요.

아라카와 주위에서 자신을 사랑하라든지, 자기 계발적인 이야기를 많이 듣잖아요. 그런데 자기 긍정감이 낮은 사람은 자기를 좋아할 수 없다고 이야기합니다. 일단 자기 얼굴이 싫어서 셀피를 못 찍는다고 말해요. 셀피를 찍을수록 자기 얼굴에 익숙해지고 스스로가 좋아집니다. 그런데 그것을 하라고 해도 안 하는 거예요.

나카노 자기 얼굴에 친숙해지게 해서 호감도를 올린다는 '노출 효과'군요(이것에 대해서는 5장에서 자세히 다루겠습니다). 왜 말해줘도 하지 않는 걸까요?

아라카와 못 하는 거죠. 열심히 실천한 사람은 자기 얼굴에 익숙해지니까 적어도 자신의 얼굴이 이상하다고는 생각하지 않게 되고, 이것이 내 얼굴이라고 인식하게 됩니다. 하지만 자기 얼굴을 싫어하는 사람은 자기 얼굴을 원래 잘 보지 않으니까요. 친구 얼굴이라도 생각한 이미지와 실물이 다를 때가 종종 있잖아요. 물끄러미 쳐다보니 잘생겼다든가, 자세히 보면 못생겼다든가.

나카노 '분위기 미인' 같은 거죠.

아라카와 맞아요(웃음). 그것처럼 자기 긍정감이 낮은 사람은 자기 얼굴도 그 정도로밖에 보지 않아요. 내 얼굴을 물끄러미 보고는 '아, 내 얼굴은 이런 얼굴이구나'라고 생각하면 됩니다. 그런데 그렇게 인정하고 싶지 않으니까 부정하는 겁니다.

나카노 확실히 그렇네요. 지각적 필터가 깔려서 거부하는 군요.

누구나 자기 긍정감을 높일 수 있는 궁극의 기술이 있다?

아라카와 그래서 저는 '90일간의 셀피 챌린지'를 제안합니다.

나카노 90일간 셀피를 계속 찍는다니, 재밌네요.

아라카와 하는 사람은 순순히 합니다. 특히 젊은 여성은 매우 성실하게 임하고 얼굴이 바뀝니다.

나카노 저도 한번 해볼까 싶네요.

아라카와 객관적으로 얼굴이 정말 변합니다.

나카노 객관적으로 그렇다니, 메모해둬야겠네요.

아라카와 그 이유는 90번 셀피를 찍다 보면 화장법이나 사진 찍는 법이 크게 달라지거든요. 어느 각도에서 찍으면 가장 예뻐 보일지를 생각하게 되니까요. 처음에는 대체로 아래에서 찍습니다. 그러면 예쁘게 찍히지 않으니까 점점 자기가 예뻐 보이는 각도를 찾아갑니다(웃음).

나카노 확실히 미디어에 나오는 사람들은 그렇다고 디자인 회사 관계자에게 들은 적이 있어요. 유명인은 다 성형해서 그렇다고 생각했는데, 저도 "나카노 씨, 요즘 예뻐지셨네요"라는 말을 들은 적이 있어요. 확실히 저도 찍히는 각도 등을 무의식적으로 신경 쓰나 봐요.

아라카와 그렇습니다. 셀피를 찍지 않는 사람은 셀피를 찍을 때 무조건 아래에서 찍습니다. 그러면 이중 턱이 되어버리거나 합니다.

나카노 약간 아래에서 제일 못생긴 모습이 찍히잖아요.

아라카와 잡지 등에 나오는 모델 같은 사람은 무조건 스마트폰을 위쪽으로 올립니다.

나카노 게다가 대각선으로요.

아라카와 남자들도 가끔 셀피를 찍으면 무조건 아래쪽에서 찍어서 잘난 척하는 것처럼 나오더라고요. 위에서 내려다보는 느낌이 듭니다.

나카노 악인의 얼굴이 되어버리잖아요.

아라카와 그렇습니다. 90일간의 셀피 챌린지를 하다 보면 도중에 그런 사실을 깨닫게 됩니다. '모델은 이렇게 귀여운데, 나는 왜 못생겼을까'라고요. 그리고 찍는 방법에 문제가 있다는 사실을 알게 됩니다.

나카노 모델이라도 스타일은 확실히 좋지만, 얼굴 생김새로 말하면 매우 개성적인 사람도 있지요. 작가나 스타일리스트 중에도 귀여운 외모를 가진 사람이 꽤 있습니다. 그러나 자기 평가는 매우 다르더라고요.

아라카와 그리고 웃는 게 얼마나 중요한지도 챌린지를 하면서 알게 됩니다. 시무룩한 표정은 예뻐 보이지 않잖아요. 억지로라도 입꼬리를 올리거나 눈웃음을 지으면 이미지가 달라집니다.

나카노 확실히 그렇습니다. 저도 눈은 웃지 말고, 입만 웃어달라는 말을 카메라맨에게 종종 듣습니다. 웃으면 눈이 작아지니까요. 그러나 그 사실을 모르면 눈도 웃게 됩니다. 정면으로 눈도 웃고 입도 웃는 모습을 찍으면 얼굴이 매우 커 보입니다.

아라카와 눈이 작아지니까 얼굴이 커 보이는군요.

나카노 그렇습니다. 그래서 카메라맨이 "눈은 웃지 말고, 입만 웃어주세요"라고 말하는 겁니다. 턱을 당기고 눈을 커 보이게 하면 좀 더 어려 보이고 귀엽게 찍히죠. 그런 걸 다들 모르잖아요.

아라카와 일반 사람들은 잘 모르죠. 연예인이 점점 예뻐지는 이유는 그런 기술을 알기 때문이고요.

나카노 그렇습니다. 메이크업 기술처럼 나에게 어떤 각도가 좋은지 알게 됩니다. 단지 그 차이일 뿐인데도 '나는 안 될 거야'라고 생각하면 그것이 필터로 작용해서 유감스러운 결과를 낳게 됩니다.

아라카와 맞아요. 정말 첫째 날과 90일이 지났을 때는 주변에서 보는 얼굴이 달라집니다.

다른 사람이 아닌,
자신을 위해 아름다워진다

나카노 셀피와 다른 이야기인데, 자기 얼굴이 싫어서 성형 수술을 받는 경우도 많잖아요. 성형 수술을 반복한 '바닐라'라는 배우가 있는데, 본래 자기 얼굴이 너무 싫었다고 합니다. 부모님을 빼다 박은 외모였다고 하는데요. 지금은 정말 인형 같은 얼굴입니다. 인간보다 인형이 되고 싶은 욕구가 강해서 수술을 거듭한 결과, 지금은 매우 만족하고 있다고 하네요.

아라카와 지금은 만족하더라도, 앞으로 성형을 계속하지 않을까요?

나카노 그렇죠. 조금이라도 외모가 못생겨졌다 싶으면 바로 성형외과에 가니까 자꾸 얼굴을 고치게 되는 거죠. 성형으로 유명한 남자 배우 '알렌'이라는 사람도 있습니다. 그는 연애가 아닌 자기 자신에게만 관심이 있다고 합니다.

아라카와 그 사람 원래 못생기지 않고 보통 얼굴이었잖아요.

나카노 그는 자신에게 돈을 쓰고 싶어서 타인과의 관계는 어떻게 되어도 좋다는 인상입니다. '자기를 위한 소비'라고 할까요. 과거에는 인기를 얻거나, 다른 사람에게 좋은 평가를 받고 싶어서 성형한다는 인식이 강했는데요. 바닐라나 알렌 같은 사람들은 나를 위해 나를 아름답게 만들고 싶어 하는 느낌입니다. 지금은 그런 식으로 분위기가 많이 변하지 않았나 생각합니다.

아라카와 성형했다는 사실도 숨기지 않고 말이죠.

나카노 숨기지 않죠.

아라카와 마이클 잭슨도 그랬지만, 평생 계속하지 않을까요?

나카노 자신을 원하는 대로 바꾸는 일이 즐거워지겠죠. 알렌 역시 자기를 정말 좋아하고, 좀 더 자신을 업그레이드하려는 엄격함마저 느껴집니다. 성형 수술에 총 1억 엔을 들였다고 하는데요. 그들의 모습이 매우 흥미롭습니다.

아라카와 외모를 가꿈으로써 정신적 만족을 얻을 수 있다면 정말 좋은 일이죠.

나카노 매우 흥미로운 현상이라고 생각합니다. 마치 시스템을 계속 리뉴얼하는 것 같아요.

아라카와 그렇군요. 변한 순간에는 자신을 긍정할 수 있다면 좋겠네요.

남성은 '연애', 여성은 '일'이 자기 긍정감의 판단 기준

아라카와 셀피와 성형 수술을 통해 자기 긍정감을 높인다는 이야기를 했습니다. 애초에 자기 긍정감이 낮은 사람은 무엇을 기준으로 자신을 낮게 평가하는지를 알아보고 싶어서 300문항 정도의 설문을 한 다음, 다변량 해석을 해보았습니다. 응답 내용이 주관적이다 보니 사실 여부에 대한 우려가 있어서 공통분모를 찾아낸 다음, 자기 긍정감이 낮은 사람과의 상관성이 높은 인자만 골라냈더니 꽤 흥미로운 결과가 나왔습니다.

남성의 경우에는 '연애에 자신이 없다'든가 '외모에 자신이 없다', '이성에게 고백을 받아본 적이 없다' 등의 답변이 나왔습니다. 한편 여성은 '일의 평가는 능력주의가 좋다'든가 '지기 싫다', '부업 또는 겸업을 하고 싶다' 등의 질문에 '그렇다'라고 답한 사람일수록 자기 긍정감이 낮았습니다. 즉, 자기 긍정감의 축이 남자는 '연애', 여자는 '일'이라는 거죠. 정말 재미있지 않나요?

나카노 대단합니다. 정말 재미있네요.

아라카와 이런 식으로 답변한 남성은 다른 질문에서는 '연애에 관심 없다'라고 말합니다. 그런데 해석하자면, 사실은 연애나 이성에 대해 자신이 없기 때문에 자기를 긍정할 수 없는 거죠. 그런 점을 지적하면 그렇게 말하지 말라고 굉장히 반발합니다.

나카노 핵심을 찔려서 그러죠.

아라카와 여성도 그렇습니다. '일을 열심히 한다'라든가, '인정받고 있다'라고 대답해놓고, 사실은 인정받지 못해서 자기를 긍정하지 못합니다.

나카노 업무 능력을 좀 더 칭찬받고 싶은 거군요.

아라카와 남자 동기와 연봉이나 보너스 금액에서 차이가 나는 등 그런 것들이 원인이 됩니다.

나카노 분명히 '내가 더 잘하는데'라고 생각하겠군요.

아라카와 그런 결핍감이나 고민은 약간의 환경 변화로 바꿀 수 있지 않나요?

나카노 제가 좀 더 속이 시커먼 인간이었다면 그 부분을 공략하겠어요. 그 결핍을 메워주는 한마디를 해주는 거죠(웃음).

아라카와 뛰어난 사기꾼은 그런 부분을 여러 번 노리겠죠.

결핍감을 채우고 행복해지기 위한 '에모 소비'

아라카와 사실은 솔로 남녀의 결핍감을 채워주는 것이 바로 소비입니다. 소비에는 돈뿐만 아니라 시간도 필요합니다. 돈과 시간을 들여 자신의 행복을 손에 넣는 일을 '에모 소비'라고 합니다. 참고로 '에모'란 'emotional(감정적)'이라는 영단어로부터 생겨난 신조어 '에모이エモイ'에서 따왔습니다. 일본 젊은이들이 자주 사용하는 말이죠.

미디어 아티스트이자 연구자인 오치아이 요이치는 '에모이'를 논리와 상반된 곳에 있는 감동과 정취라고 말합니다. '에모이'를 일상적으로 사용하는 젊은이 중에는 '미쳤다'의 대용어로 쓰는 사람도 있지만, 엄밀하게는 이것들과 다릅니다.

나카노 　'마음이 움직인다'는 의미이군요.

아라카와 　맞아요. '뭔가 잘 설명할 수 없지만 좋다. 누구도 이해하지 못하겠지만 그래도 좋다'는 의미죠.

나카노 　매우 하이콘텍스트적인 감정이네요.

아라카와 　말씀하신 대로입니다. '에모'를 '감동하고 싶다'라든가, '추억을 만들고 싶다'와 같은 간단한 말로는 설명할 수 없습니다. '물건'의 소비에서 '경험'의 소비로 이동함에 따라 물건 소비의 '소유 가치'는 '사용 가치'로 바뀌었습니다. 물건을 소유할 뿐만 아니라, 어떻게 그것을 사용할지도 가치화된 것입니다.

경험 소비에서 에모 소비로 이동하면 경험 소비의 체험 가치는 '시간 가치'로 바뀝니다. 그 체험으로 그 사람의 시간이 어떤 가치를 지니게 되었는지를 묻게 되는 거죠. 에모 소비를 통한 정신 가치의 예를 들어보겠습니다. 솔로는 마음의 결핍감(낮은 자기 긍정감)을 메우기 위해 자기의 사회적 역할, 즉 '나는 사회나 누군가에게 도움이 되고 있다'는 성취감을 손에 넣으려고 합니다. 이들은 배우자나 자녀가 없기 때문에 가족 공동체를 갖고 있지 않습니다. 그래서 거기서 얻을 수 있는 사회 귀속 욕구가 충족되지 않는 거죠. 따라서 아이돌이나 게임 등을 소비함으로써 자신의 사회 귀속 욕구를 충족시킵니다.

아이돌 소비는 유사 육아, 게임 과금은 유사 출세라고 말할 수 있습니다. 옆에서 보면 쓸데없이 돈이나 시간을 낭비하는 듯 보여도 그들은 조금도 아깝다거나 낭비라고 생각하지 않습니다. 돈과 시간을 들여서 마음을 채우고 있기 때문입니다.

이것도 재미있는 현상인데, 열성적인 아이돌 팬들은 아이돌 라이브 공연이나 CD, 굿즈 등에 엄청난 돈을 씁니다. 하지만 아이돌에게 직접 돈을 쓰는 것보다 그들을 보러 갈 때 드는 교통비와 숙박비에 더 많이 지출합니다. 오히려 철도회사나 항공사, 호텔을 서포트하는 셈이죠.

나카노 부수적인 것을 소비하고 있군요.

아라카와 그렇습니다. 금액만 보면, 여비가 많이 들어갑니다. 그러나 여비가 들어간다는 사실은 그들의 머릿속에서 지워져버립니다.

나카노 의식하지 못하는군요.

아라카와 『반야심경』처럼 말하면 그야말로 '모든 것이 무無이며 공空'이라고 생각하는 경지에 도달했다고도 해석할 수 있고, 에모 소비를 하는 그 순간만큼은 정말로 행복을 느낀다고 생각합니다.

행복을 정의하는 일은 왜 어려울까

아라카와 자기 긍정감을 올리는 것도, 에모 소비로 마음을 충족시키려는 것도, 결국은 '어떻게 하면 행복을 느낄 수 있을까'가 포인트입니다. 이것을 안다면 종교는 필요 없겠죠. 소비는 아까 말씀드렸듯이 행복의 한 형태이기도 합니다. 저는 시간이 중요한 요소라고 생각하거든요. 몰두하고 있을 때는 시간 가는 줄 모르죠. 정신을 차리고 보니 시간이 많이 지났음을 깨달았을 때 최고로 행복한 기분인 것 같고요. 그것을 찾을 수 있는 사람과 찾을 수 없는 사람의 차이가 크다고 생각합니다.

나카노 이후 5장에서 '행복의 척도나 행복이란 무엇인지를 정의하기는 어렵다'는 이야기를 할 텐데요. 행복의 종류는 많습니다. 뭔가에 몰두해서 내가 행복한지 아닌지조차 생각하지 않아도 되는 시간을 보내는 게 행복일까요. 아니면 기막힌 온천물에 몸을 담그고 행복하다고 느끼는 게 행복일까요.

행복에는 여러 종류가 있고, 우리는 무엇이든 갖고 싶습니다. 그리고 어느 하나라도 손에 넣으면 충족된 기분이 듭니다. 물론, 그것들을 통합해 충족감을 얻는 것이 행복이라고 하는 정의도 있습니다. 그렇게 되면 행복을 느끼는 방법도 정답은 없고 다양해지죠.

아라카와 사실 저는 애초에 질문이 잘못됐다는 생각이 듭니다. '어떻게 하면 행복을 느낄 수 있을까'라고 생각하면 더 이상 행복을 못 느끼지 않을까요?

나카노 그렇습니다. '지금 나는 행복하지 않다'는 것이 전제된 문장이니까요.

아라카와 123쪽에서 기혼자의 행복도가 매우 높은 이유는 평범한 일상에서 행복을 느껴서가 아니라, 과거를 되돌아보고 '뭐, 불행하지 않다'라거나 '별일 없으면 행복한 거지'라고 생각하기 때문일지도 모릅니다.

나카지마 미유키의
노래 <실>에 담긴 '행복의 형태'

나카노 'THE TRA-BRYU'의 노래 〈로드〉가 생각나네요. "아무것도 아닌 일이 행복이었던 것 같아"라는 가사가 있잖아요.

아라카와 〈로드〉가 아니라 나카지마 미유키의 〈실〉입니다. 나카지마 미유키의 〈실〉에서는 '행복'을 '幸せ'가 아닌 '仕合わせ'로 썼습니다. '행복하다'가 아니라 '맞추다'의 의미로 쓴 거죠. '仕'은 취음자로 보입니다(일본어로 '행복'은 '시아와세[幸せ]'라고 하는데, '仕合わせ'도 음이 같다. 그래서 '행복'을 같은 음이지만 '맞추다, 어울리다'의 의미를 가진 '仕合わせ'로 표기했다는 뜻이다-옮긴이).

나카노 정확히 무엇을 맞춘다는 걸까요?

아라카와 하는 일을 서로 맞춘다는 의미 아닐까요. 그것이 행복이라는 것이죠. 행동을 다른 사람과 맞춤으로써…….

나카노 'Do it together'의 의미인가요?

아라카와 그렇습니다. 'Do it together'예요. '행복'이란 사람과 사람의 관계에서 온다는 것이죠.

나카노 확실히 이해했습니다.

아라카와 그렇다면 문제는 '솔로는 어떻게 하면 좋을까?'입니다.

나카노 그렇죠. 솔로는 사람과 어울릴 수 없으니.

아라카와 그렇기 때문에 소비와 어울리는 겁니다.

나카노 사람을 상대할 수 없으니 시스템과 어울리는군요.

아라카와 특정 사람과 계속 어울리는 것이 아니라, 시간과 상황에 따라서 상대를 바꿔가며 관계는 단절시키지 않는 '찰나의 사귀는 방식'도 있지 않을까요?

나카노 일시적으로 사귀는 방식이네요.

아라카와 그렇습니다. 이런 교제 방식이 있어도 좋을 것 같습니다.

나카노 상대를 한 명으로 한정하는 것보다 위험을 줄일 수 있어 좋다고 할 수도 있겠네요.

4장

연애 강자와 연애 약자의 생존 전략

결혼 생활에 필요한 것은 결단력과 배려다? 이 장에서는 일부 연애 강자만이 사랑과 돈을 독차지하는 실태와 매칭 앱에서조차 구원받지 못하는 연애 약자의 현실을 분석합니다.

30년 전부터 변하지 않은 '연애 강자 3할의 법칙'

아라카와 연애를 잘하고 못하고는 의사소통 기술에 달렸다고 생각하는데요. 이 연애 기술은 사람에 따라 차이가 큽니다. 저는 '연애 강자 3할의 법칙'이라고 말하는데요. 즉, 연애를 잘하는 사람은 전체의 30%에 불과합니다. 70%는 연애를 잘하지 못합니다. 다음 그래프(도표 19)는 독신자 중 연애하는 사람의 비율 추이를 나타내고 있습니다.

나카노 이 그래프를 보면 연애하는 비율이 남성보다 여성이 더 높네요. 이유가 뭘까요? 벌써 너무 재밌네요.

도표 19 미혼 남녀의 연애 비율

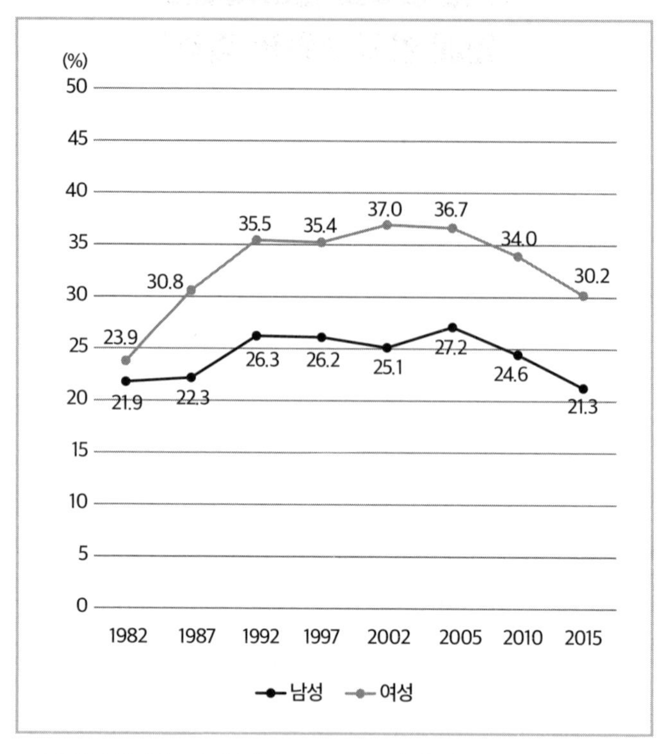

※ 국립사회보장 · 인구문제연구소(사인연)의 '출생 동향 기본 조사'에서 18~34세 독신 남녀 중 '약혼자가 있다', '애인이 있다'고 답한 비율의 합산을 참고하여 아라카와 가즈히사 작성.

아라카와 결국, 바람이나 불륜을 저지른다는 거잖아요.

나카노 그렇죠. 사실 저는 일부러 돌려 말했는데(웃음).

아라카와 진지하게 여기에는 두 가지 이유가 있습니다. 우선 미혼 남녀를 대상으로 했을 때, 남성 인구가 더 많기 때문에 비율로 따지면 이렇게 된다고 할 수 있습니다. 두 번째는 자신을 결혼 안 한 솔로라고 속이는 불륜남을 포함해 30%의 연애 강자 남성이 혼자서 여러 명의 여성과 교제하기 때문입니다.

나카노 일부다처의 그래프네요.

아라카와 정말로 그렇습니다. 연애하는 미혼 남녀는 평균 30%입니다. 약 30년 전부터 계속 30%입니다. 지금의 젊은 남성이 초식화(일본에서 남성이 여성에게 관심을 갖지 않고 마치 초식 동물처럼 온순하게 취미에만 몰두하는 현상을 의미하는 말이다-옮긴이)된 것이 아닙니다.

실연당한 여성의 이야기를 들어보면 상대가 바람을 피웠다고 하는 경우가 많습니다. 하지만 그렇게 말한 여성이 다른 남자와 사귀어도 또 다시 상대가 바람을 피울 확률이 높습니다. 저는 이것을 '바람둥이의 공유 경제'라고 부르는데요. 이것은 일부 연애 강자의 행동으로서 매우 당연한 것입니다. 지금까지 한 번도 여자친구를 사귄 적 없는 남성이 30% 정도 존재하는 한편으로, 30%의 연애 강자는 연애 상대를 몇 번이나 바꿉니다. 바로 '승자 독식'이죠.

자신과 비슷한 사람을 만나는 '연애 동질혼'이 약 절반

아라카와 하지만 '기혼자라면 연애 강자 비율이 30%보다 높겠지. 결혼했으니까'라는 반론이 있습니다. 어떻게 해서든 연애 강자가 30%보다 많다고 말하고 싶어서 안달이 난 사람들이니까요. 그래서 부부 1,000쌍을 조사했습니다. 그랬더니 기혼 남녀 모두 연애 강자 비율은 30%였습니다.

이 조사에서 '당신은 연애 강자입니까?'와 같은 질문을 해봤자 소용없기 때문에 '인기가 있었다'라든가 '고백을 받아봤다'와 같은 연애와 관련된 여러 문제에 대해 공통으로 '그렇다'라고 답한 사람의 비율을 조사했습니다. 그래서 연애 강자로 판별된 것이 기혼 남녀, 즉 남편도 아내

도표 20 부부의 연애 능력별 조합 비율

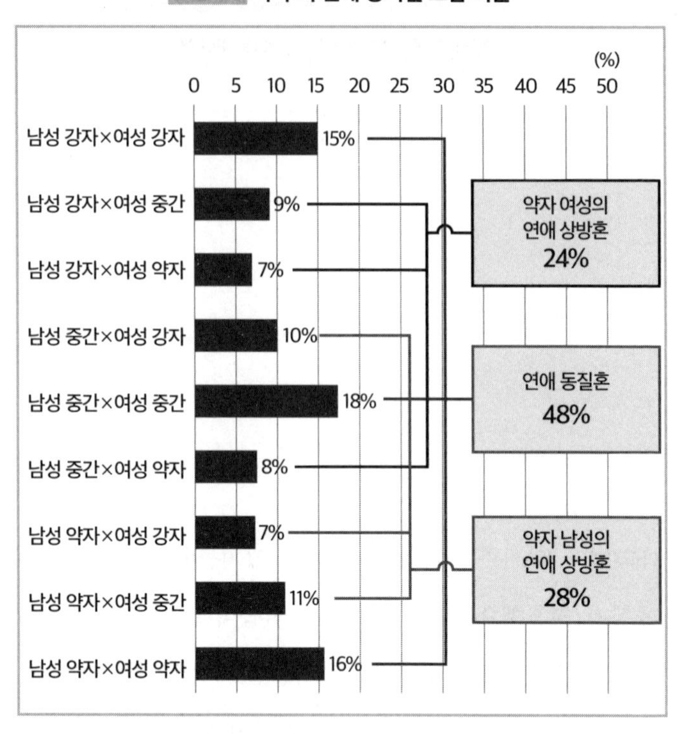

※ 2018~2020년 아라카와 가즈히사 조사(전국 20~50대 부부 1,040쌍).
※ '연애 상방혼'이란, 자신보다 연애 강자와 결혼하는 일을 말한다 - 옮긴이.

도 31%가 넘습니다. 한편, 연애 약자도 30%입니다. 이전에 (106쪽) 미혼·기혼 남녀의 바람피우는 비율에 대해 이야기했는데요. 바람피우는 비율도 미혼(현재 애인이 있는 사람), 기혼 남녀 모두 약 30%였습니다. 둘 다 연애 강자 비율이 거의 30% 정도로 일정했습니다.

더불어 기혼자의 경우에는 부부가 연애 강자와 연애 약자 중 어떤 조합으로 이루어졌는지도 조사했습니다(도표 20). 그 결과, '강자와 강자', '중간과 중간', '약자와 약자'의 조합이 가장 많았습니다. 저는 이것을 '연애 동질혼'이라고 부르는데요. 이것이 차지하는 비율이 약 50%입니다.

연애 강자는
연봉도 높다

아라카와 하지만 그렇다고 해서 모든 부부가 연애 동질혼을 한 것은 아닙니다. 예를 들어, 연애 강자는 남녀 모두 30%인데, 그중 절반인 15% 정도만 연애 강자끼리 결혼했습니다. 게다가 연애 강자 여성이 속한 가구 연봉이 가장 높고, 연애 약자 여성이 속한 가구 연봉이 가장 낮습니다(도표 21). 이것은 외모와 경제력의 완벽한 교환을 의미합니다(자세한 것은 191쪽).

나카노 남성은 외모를 보고 여성을 선택한다는 거군요.

도표 21 연애 강자 · 중간 · 약자 부부의 가구 수입 격차

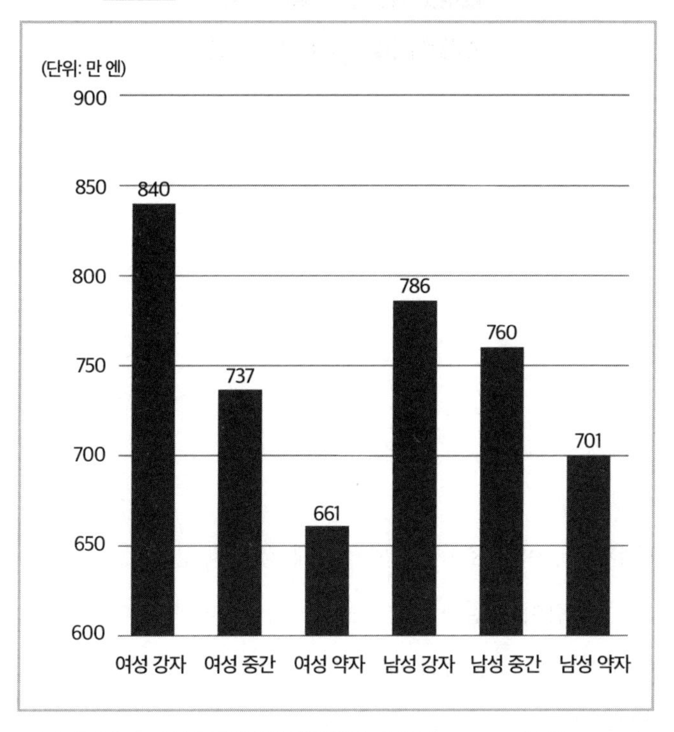

※ 2018년~2020년 아라카와 가즈히사 조사(전국 20~50대 부부 1,040쌍 2,080명). 배우자와의 조합은 관계없다.

아라카와 반대로 말하면, 인기 없는 남성이라도 경제력이 있으면 인기 많은 여성과 결혼할 수 있다는 겁니다. 한편, 남녀 모두 연애 강자의 연봉이 높았는데, 의사소통 능력과 일이 서로 관련이 있을지도 모르겠네요.

능동적으로 움직이는 30%가 인기가 많다

아라카와 이런 조사를 통해 '연애 강자란, 능동적으로 움직이는 사람이 아닐까'라는 가설을 세웠습니다. 한마디로 '나머지 70%는 수동적인 사람'인 것입니다. 혹시 '넛지'라는 개념을 아시나요? 노벨 경제학상을 수상한 시카고대학교 리처드 탈러 교수의 행동경제학에 근거한 전략입니다.

이것에 관한 유명한 사례가 있습니다. 항상 지저분한 공항의 남자 화장실을 어떻게 하면 깨끗하게 만들 수 있을지를 고민했는데요. 해결책으로 소변기 한가운데에 파리 그림을 그렸습니다. 그렇게 하면 남성이 그림을 향해 소변을 눌 테니 소변이 튀지 않으리라고 생각한 거죠. 결과적으로 화장실 청소 비용을 80% 절약했다고 합니다.

이 '넛지'는 '팔꿈치로 가볍게 찌른다'는 의미로, 약간의 계기를 만들어서 좋은 행동을 유도하는 것입니다. 예를 들면, '화장실을 더럽히지 마세요'라고 벽보를 붙여도 대부분 그냥 지나치거나, 오히려 더럽히려는 사람도 있습니다. 하지만 파리 그림을 그려 넣으면 '깨끗하게 사용합시다'라고 말하지 않아도 결과적으로 깨끗해집니다.

나카노 무의식적으로 유도하는군요.

아라카와 그것이 '넛지'입니다. 이것이 연애에서는 매우 중요합니다.

넛지가 없으면 움직이지 않는 수동적 인간이 70%

아라카와 또 다른 예가 있습니다. '쓰레기를 길거리에 버리면 더러워지니 쓰레기통에 버리고 깨끗하게 거리를 청소합시다'라고 해도 시민들은 쓰레기를 길가에 버립니다. 그래서 스포츠 브랜드 나이키에서 농구 골대 모양으로 쓰레기통을 만들었습니다. 그러자 모두가 쓰레기를 쓰레기통에 버리게 됐습니다. 오히려 쓰레기를 주워다가 던져 넣고, 밖으로 튕겨 나오면 다시 집어넣었습니다.

나카노 정말 좋은 아이디어네요.

아라카와 일부러 쓰레기를 찾아내서 쓰레기통에 집어넣게 하는 것도 하나의 넛지입니다. 수동적인 사람이 전체의 70%나 된다면, 넛지를 마련해주지 않으면 연애나 결혼을 위해 움직이는 사람이 아무도 없지 않을까요?

나카노 넛지가 없어도 움직이는 사람이 인기를 얻는 거죠.

아라카와 그렇습니다. 말하지 않아도 할 수 있는 사람. 좀 더 이야기하면 말하지 않아도 할 수 있는 사람이 혼자 승리함으로써, 즉 착취함으로써 이 세상에 자본주의가 성립되었다고 할 수 있습니다.

나카노 확실히 그렇습니다.

결혼은 부성과 모성이 없으면 성립하지 않는다

아라카와 기혼자의 특성을 살펴보면 연애 강자끼리의 조합과 연애 약자끼리의 조합이 있다고 이야기했는데요. 이 밖에 다른 특성의 조합도 발견했습니다. 바로 부성과 모성입니다.

나카노 부성과 모성을 어떻게 정의하나요?

아라카와 심리학자 가와이 하야오가 제창했던 부성 원리와 모성 원리를 기반으로 합니다. 간단히 말하면, 부성이란 무언가 결단을 내리거나, 모든 일의 옳고 그름을 분명히 가리거나, 규범이나 규칙을 지키는 성질입니다. 리더십 발휘도 포함합니다.

모성은 남의 의견을 묻거나, 어려운 사람을 도와주거나, 베푸는 것입니다. 구분의 편의를 위해 부성, 모성이라는 말을 사용할 뿐이지, 남자로서의 부성, 여자로서의 모성이라는 뜻은 아닙니다. 이른바 '특성'의 이야기입니다. 그래서 남자에게도 모성이 있고, 여자에게도 부성이 있습니다.

거기서 편의상 부성이 강한 사람과 모성이 강한 사람으로 나누었을 때, 1,000쌍의 부부가 어떻게 짝을 이루고 있는지를 조사했습니다(도표 22).

나카노 아, 그거 좋네요. 피험자의 자각으로 조사했군요.

아라카와 그렇죠. 그들에게는 부성 · 모성 조사라는 사실을 말하지 않았습니다. 그 사실을 숨긴 채 일반적인 성격 조사라고 말한 뒤 답변을 받아서 분류했는데요. 굉장히 재밌는 결과가 나왔습니다. 조사 전에는 아버지는 부성, 어머니는 모성을 가진 조합이 일반적이라고 생각했습니다. 그런데 실제로는 부성과 모성을 모두 가진 사람끼리 짝을 이룬 비율이 가장 높았습니다.

도표 22 부부의 부성, 모성 유무

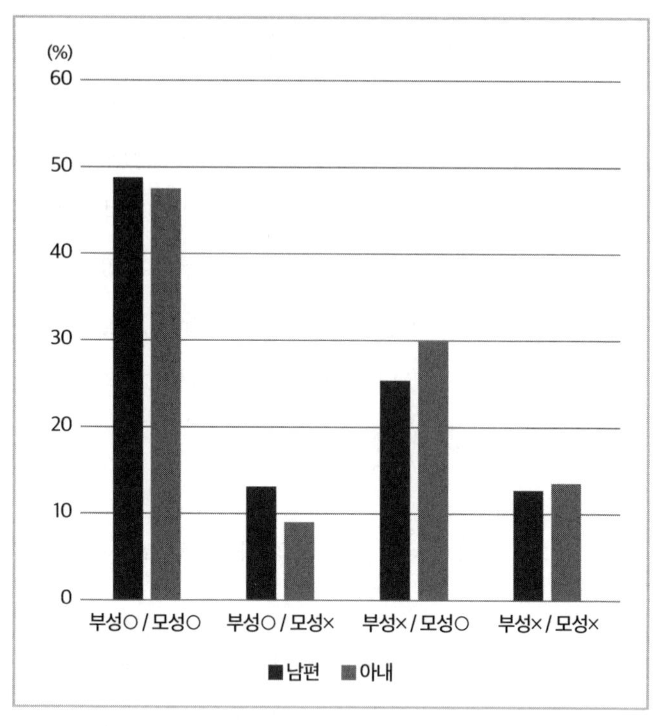

※ 2018~2020년 아라카와 가즈히사 조사(전국 20~50대 부부 1,040쌍).
부성, 모성의 유무는 5점 만점에서 3점 이상은 '○', 2점 이하는 '×'로 했다.

나카노 파트너십이란 그런 거죠.

아라카와 부성만 있거나 모성만 있는 사람은 별로 없고, 둘 다 가진 사람이 짝이 됩니다.

나카노 정말 흥미롭네요. 의사소통이란 그런 것이군요.

아라카와 그렇습니다. 결국, 아빠다운 남성과 엄마다운 여성이 짝을 이룬다는 건 환상에 불과합니다. 사실은 부성과 모성을 모두 가지고 있어야만 원활한 의사소통이 가능하다고 말할 수 있습니다.

나카노 훌륭한 답변이네요.

아라카와 개개인이 가진 모성과 부성의 강도도 조사했는데, 모두 부성보다 모성을 더 많이 가지고 있었습니다. 모성은 아까 말씀드렸다시피 '협조성'입니다.

나카노 상대방에 대한 너그러운 태도라든지.

아라카와 그렇습니다. 그래서 부성이 너무 강하면 공동생활에 맞지 않고, 모성이 강해야 결혼 생활에 적합하다는 것을 알 수 있습니다. 부부의 조합을 살펴보면 전부 16개 패턴(도표 23)인데요. 그중에서도 부성과 모성을 모두 가진 사람끼리 결혼한 경우가 단연 많습니다.

도표 23 부성 · 모성 유무별 부부의 조합 구성 비율

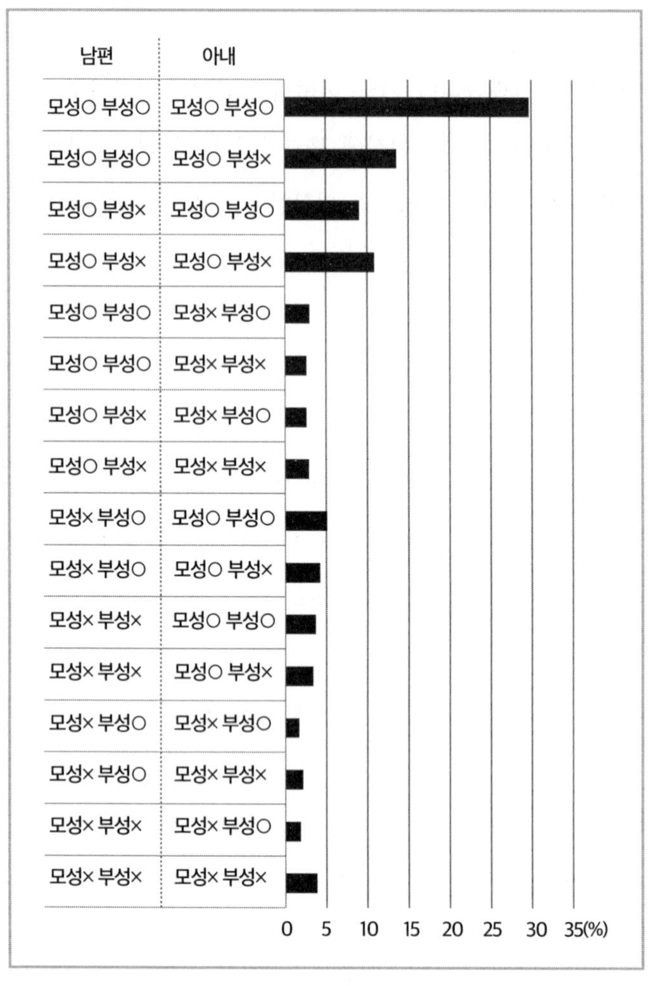

※ 2018~2020년 아라카와 가즈히사 조사(전국 20~50대 부부 1,040쌍).
부성, 모성의 유무는 5점 만점 중 3점 이상은 O, 2점 이하는 X로 했다.

전부 ×, 즉 부성과 모성이 다 약한 사람도 있거든요. 그렇다면 둘 다 없는 사람은 결혼을 안 했느냐 하면 그렇지도 않습니다. 오히려 없는 사람끼리 결혼하기도 합니다. 다만 전반적으로 결혼한 부부는 둘 다 모성이 강합니다.

나카노 그건 그렇겠죠.

아라카와 결국 모성은 여성(어머니)의 것이 아닙니다. 애당초 감싸고 허용하는 힘은 남자와 여자 모두 가지고 있어야 합니다. 그렇다고 부성이 0이면 안 되겠지만요.

나카노 모성이 없는 남성은 설령 아이가 생겨도 도망칠 거라고 생각하잖아요. 애초에 결혼하고 싶지 않다, 나는 자유롭고 싶다고 말할 거 같아요(웃음).

아라카와 그렇다면, 모성이 강한 남성이 많아지면 혼인율도 올라갈 거라는 생각이 들지 않나요?

나카노 그런 생각 들죠. 딱히 그렇지도 않나요?

아라카와 사실은요, 이게 반대입니다. 세대별로 부부의 부성과 모성을 나타낸 그래프(도표 24)를 봐주세요. 20대, 30대, 40대, 50대, 세대별로 막대그래프가 그려져 있는데요. 연령대가 젊을수록 남성의 모성은 강해집니다. 여성의 모성은 별로 변화가 없네요.

한편, 남녀 모두 연령대가 젊을수록 부성은 점점 약해집니다. 결국, 남성의 모성이 강해지면서 세상의 부성적 특성이 점점 약해지고 있습니다. 아마도 부성적 특성이 사라지면 결혼하지 않아도 괜찮다는 풍조가 되지 않을까 생각합니다.

나카노 만약 허위 상관관계(두 가지 현상이 인과 관계가 없음에도 불구하고 관련이 있어 보이는 것-옮긴이)가 아니라면 그렇겠네요. 부성의 특징을 한 번 더 알려주세요.

아라카와 흑백을 확실히 나눈다든지, 리더십을 발휘한다든지, 즉 '결단력'이죠. 결혼이란, 누군가를 평생의 동반자로서 '결정'하는 일이기 때문에 부성이 0이라면 영원히 결혼할 수 없다고도 말할 수 있습니다.

도표 24 젊은 남편일수록 모성이 강하고 부성이 약하다

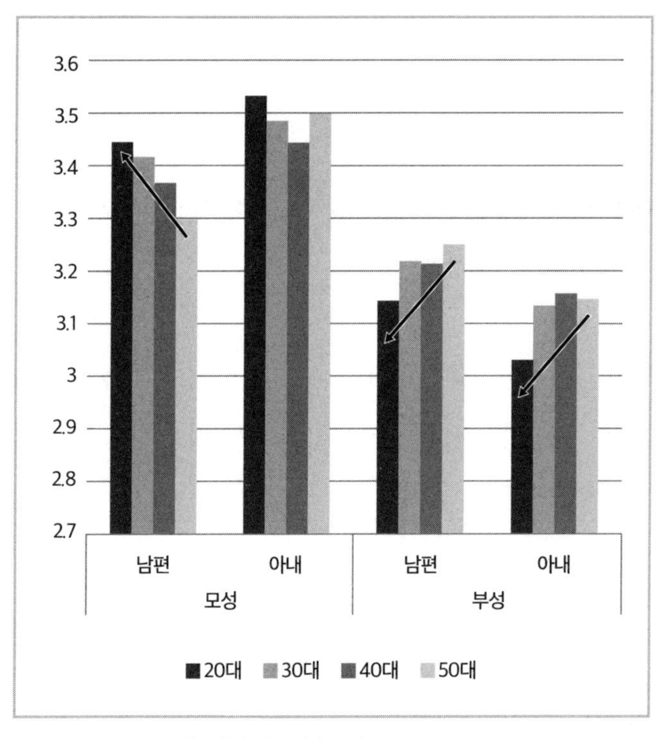

※ 2018~2020년 아라카와 가즈히사 조사(전국 20~50대 부부 1,040쌍).
5단계(낮음[1점]~높음[5점])의 평균점으로 작성.

나카노 결혼 생활을 오랫동안 지속하려면 '관용'이 필요하겠다는 생각도 드는데요. 사회생활에서 결단력이 중시되는 상황이라면 짧은 기간 내에 성과를 올려야 하는 프로젝트 등이잖아요. 그런 상황에서는 부성(결단력)을 발휘할 수 있지만, 오랫동안 관계를 지속할 때는 오히려 방해된다는 이야기인가요?

아라카와 그렇습니다. 오래 관계를 이어가려면 서로 이야기를 나누고 상의해야겠지요.

나카노 그렇군요. 그게 더 중요하죠. 즉 관계를 오래 지속할 수 있는 안정적인 세상이 된다면 부성적 특성이 점점 필요 없어질지도 모르겠네요.

아라카와 하지만 부성적 특성이 필요 없어지고 모성적 특성으로 관계가 잘 맺어진다면 혼인율이 높아져도 이상하지 않을 텐데, 줄어들고 있어요.

나카노 안정된 세상이기 때문에 애초에 결혼하지 않아도 되는 것입니다. 집단을 이루지 않아도 좋고, 공동 작업이 필요 없다는 의미겠죠? 매우 재미있네요.

아라카와 이 부성·모성 조사는 현재 독신을 대상으로도 실시하고 있는데, 아직 확정적 결과는 나오지 않았습니다. 하지만 당연하게도 독신은 기혼자보다 부성과 모성이 다 조금씩 낮습니다. 다만, 독신이라고 한데 묶어 말하고 있지만, 미래에 반드시 결혼할 독신(사이비 솔로)과 결혼 의욕이 낮은 독신(진짜 솔로)이 있기 때문에 그 차이도 세세하게 봐야 합니다.

가부장적인 남편은 모성이 강하다?

아라카와 완고한 아버지와 보살펴주는 어머니. 이런 부부는 의외로 존재하지 않습니다.

나카노 확실히 고정 관념에 부합하는 부부는 없군요.

아라카와 그렇죠. 예를 들어, 얼핏 보면 가부장적 남편으로 보여도 사실은 모성이 있는데 사람들과 정확한 의사소통을 해야 하다 보니 가부장적으로 변했다는 거죠.

나카노 정말 맞는 말이네요. 저는 개인적으로 따뜻한 인

품을 좋아하는데요. 자기주장이 강한 듯 보이지만 사실은 약자를 정말 잘 지켜주고, 자기보다 입지가 약한 사람에게 따뜻한 사람이요. 이런 사람들은 자기가 앞장서서 주변 사람을 돌보고, 책임을 지는 유형인 것 같습니다. 아마 이런 사람이 관계를 오래 유지하는 가부장적 남편이 아닐까요? 단순히 지배적으로 행동하는 남편이 아니라요.

아라카와 오랫동안 가부장적으로 존재할 수 있다는 건 그런 거죠.

나카노 그렇죠. 아내에게 신뢰받고, 그에 상응하는 존경을 받고 있다는 거죠.

아라카와 맞습니다. 부인이 인정하는 가부장적 면모죠.

나카노 부부의 역할 배분이 잘 이루어지는 거죠. 남편과 아내가 서로 배려하면서요.

아라카와 정말 싫다면 헤어지겠죠. 최근 5년 정도 독신을 연구하고 있는데요. 결혼한 사람들은 무엇이 다른지를 살펴봤

더니 꽤 흥미로운 지점이 보였습니다. 우리가 계속 마음에 품고 있던 고정 관념은 엄청난 거짓이었다는 사실을 알 수 있었습니다.

나카노 그렇다면, 남자의 배려가 키워드일지도 모르겠네요.

아라카와 그렇죠. 지금까지 남자 때문에 여자는 하고 싶은 말을 참았다고 말하는 사람도 있습니다. 하지만 결국 피차일반이라고 생각하지 않는 사람은 결혼할 수 없다는 사실을 알 수 있습니다.

나카노 그런 사람은 결혼에 적합하지 않겠네요.

아라카와 적합하지 않습니다. '내가 옳고, 너는 틀렸다'는 식으로 계속 말하면 파트너가 생기지 않겠죠.

나카노 서로 신뢰하고 존경할 수 있다면 사실 결혼은 매우 간단하지만, 그런 면을 간과하기 쉽습니다.

아라카와 처음부터 신뢰하지 않았더라도 신뢰를 만들어가면 됩니다.

나카노 그렇죠. 처음에는 서로 잘 몰랐으니까요.

아라카와 상대가 그걸 하면 나는 이것을 한다든지, 그런 역할 분담을 하면서요.

나카노 서로 대화할 수 있다는 점이 중요하군요.

아라카와 맞습니다. '나는 빨래하는데 너는 왜 청소 안 하냐'며 따지기만 하는 사람은 결혼을 안 하는 게 좋아요.

나카노 확실히 혼자서 하는 편이 스트레스도 없겠네요.

아라카와 누가 하고 안 하고 이런 식으로 따지라는 이야기가 아닙니다.

나카노 곤란한 일이 있으면 서로 이야기하라는 거죠.

아라카와 맞아요. 메이지 · 다이쇼 · 쇼와 시대 등 옛날부터 그렇게 해왔다고 생각합니다. 그래프(도표 24)에서도 알 수 있듯이 50대의 부성과 모성 수치가 높으니까요.

나카노 그렇네요.

아라카와 옛날 조사 자료가 없으니 쇼와 사람들은 그랬을 거라고 멋대로 예상할 수밖에 없네요. 그러면 결혼을 하고 싶어도 못 하는 사람은 무엇을 갈고닦아야 할까요? 결단력과 부성만 기를 것이 아니라, 남녀 모두 오히려 모성을 키우면 좋겠죠.

나카노 맞습니다. 바로 배려죠. 말로 하면 간단해 보이네요(웃음). 확실히 인기 있는 사람은 성실하거나 그렇잖아요. 부지런하고, 원하는 말을 그때그때 해주는 사람. 외모는 사실 별로 상관없어요. 요컨대 다른 사람을 잘 관찰하고 배려하는 사람이 역시 인기가 있다는 생각이 드네요.

아라카와 지극히 단순한 이야기네요.

배려심 부족을 돈으로 채울 수 있을까

아라카와 이 부성·모성 조사는 부부 약 1,000쌍을 대상으로 진행했습니다. 당연히 이 1,000쌍 안에도 현재 관계가 좋은 커플과 나쁜 커플이 있습니다.

나카노 그렇겠죠.

아라카와 이 커플에게 '지금의 결혼 생활을 한 단어로 표현하면 무엇이냐'는 질문도 했는데요. '사랑'이라든가 '행복'이라고 쓴 사람도 있지만, '고통'이라고 쓴 사람도 있습니다. 그래서 짝을 이루긴 했지만, 현재 처한 상황은 또 다를 수 있어요.

나카노 결혼 생활을 유지한 기간이 관계가 있을지도 모르겠네요.

아라카와 네. 관계가 있습니다. 결혼 생활 10년이 넘은 부부는 참을성 등이 많아지니까요.

나카노 그렇군요. 결혼 생활이란 무엇일까요? 또 괴로운 결혼 생활을 하는 이유는 무엇일까요? 예전에는 불꽃이 튈 정도로 뜨거웠던 시기도 있었을 텐데요.

아라카와 결혼 3~4년 차 정도가 분기점이 될 수도 있겠네요. 생각한 것과 다르다, 함께 사는 것이 괴롭다고 생각하기 시작하는 시기요.

나카노 맞습니다. '더 잘해줄 줄 알았는데……'라고 생각하는 거죠.

아라카와 어느 정도 시간이 지나고 나면 그럴 수 있다고 달관하게 되기도 해요.

나카노 체념이죠. 조사 결과는 어떤가요? 이러한 것들이 초혼 연령과 관계가 있습니까? 아직 미성숙하고 판단력이 약한 젊은 나이에 결혼한 사람과, 저처럼 어느 정도 충분히 탐색한 다음 30대 중반에 결혼한 사람은 결과가 다르지 않을까요?

아라카와 결과가 다릅니다. 168쪽에서 언급했듯이 이 1,000쌍의 조사를 보면 결국 인기 있는 사람끼리, 즉 연애 강자끼리 결혼한 부부는 15%에 불과합니다. 그리고 그 안에는 인기 있는 여성이 '인기는 없지만 돈을 가진 남성'과 결혼했다는 타산적인 면도 숨어 있습니다.

나카노 이른바 '경제 활동으로서의 결혼'이죠.

아라카와 그렇습니다. 이 조사는 그런 타산으로 맺어진 부부를 포함하고 있습니다.

나카노 남성의 모성을 경제력으로 대체할 수 있느냐의 문제네요. 요컨대 모성이 없는 남성이 경제력으로 그 모성의 부족함을 메울 수 있나는 거죠.

아라카와 그렇군요. 사실 부성을 자랑하는 남성일수록 돈을 많이 법니다.

나카노 그렇겠죠. 뭐가 더 좋을까요? 둘째, 셋째 아이를 낳아 기를 수 있는 쪽은 모성이 있는 남성이지만, 생각 없이 무심코 결혼하거나 씨를 뿌리고 다니는 유형은 부성이 강한 남성이라고 생각합니다. 부성이 강한 남성과 모성이 강한 남성의 비율이 어느 정도인지 궁금하네요.

아라카와 부성 100%나 모성 100%인 남자는 존재하지 않습니다. 각자의 내면에 부성이 몇 %, 모성이 몇 %를 차지하는지의 문제입니다.

나카노 그렇군요. 비율의 문제네요. 그렇다면 경계치를 만들어서 그 이상인 사람과 그보다 낮은 사람으로 나누면 어떻게 될까요?

아라카와 결혼한 사람을 보면 약 60% 이상은 모성이 있습니다. 단, 모성이 없지만 돈을 벌어서 채우겠다는 사고방식도 존재합니다.

나카노 그런 사람이 얼마나 되는지 궁금해요.

아라카와 사실 거의 없습니다. 왜냐하면, 연애 강자끼리 결혼한 사람 비율이 15% 정도밖에 안 되니까요. 애초에 돈 많은 사람이 별로 없어요. 독신은 더 없고요. 연 수입 400만 엔 이상의 독신자는 30%도 안 되거든요.

나카노 살기 어려운 세상이네요.

결혼 상대로 부자 남성을 노리는 여성은 정보 약자다?

아라카와 결혼 활동을 하는 많은 여성이 하는 흔한 착각이 있습니다. 바로 30%도 안 되는 연 수입 400만 엔 이상의 미혼 남성을 찾겠다는 건데요. 하지만 결혼한 남자가 모두 처음부터 고액 연봉자는 아니며, 애초에 20대 무렵에는 연봉이 높지 않습니다. 대부분의 남자가 결혼하고 나서 수입이 올라가는 셈인데, 여자들은 그걸 모르더라고요.

나카노 부자는 찾는 게 아니라 키우는 것이다?

아라카와 그렇죠. 돈 버는 남편을 키워야 합니다. 그것을 모르고 이미 완성된 사람을 찾으려고 하니 큰 실수인 거죠.

나카노 그렇군요. 어떻게 보면 정보 약자라고 할 수 있겠네요.

아라카와 '숯쟁이 장자 설화'라는 옛날이야기를 읽었으면 좋겠네요(웃음).

나카노 세상 여자들이 현실을 깨닫게 되는 이야기죠.

아라카와 이 설화를 모르는 분들을 위해서 간단히 설명하자면, 가정 폭력을 겪던 한 부인이 이혼하고 집을 나갑니다. "당신(전 남편)과는 못 살겠다"라고 말하고 집을 나섰지만 갈 곳이 없어 산을 헤매다가 허름한 집 한 채를 발견합니다. 그곳에는 숯을 구우며 생계를 이어가는 가난한 남자가 홀로 살고 있었습니다. 하룻밤만 재워달라고 했더니 남자는 흔쾌히 알겠다며 친절하게 대해주었습니다. 그 친절에 감동받은 여자는 다음 날 자신을 아내로 삼아달라고 말합니다. 남자는 "아니요, 저는 가난해서 당신을 부양할 수 없습니다"라며 거절했지만, 여자는 괜찮다며 밀어붙였습니다.

나카노 갑자기 부인이 생긴 거네요.

아라카와 네, 그렇습니다. 갑자기 부인이 됐습니다. 당연히 가난하니까 둘이서 생활하기 힘들었죠. 하지만 여자에게 불만은 없었습니다. 그러던 어느 날, 부인이 뒷마당에서 아래를 보다가 반짝이는 무언가를 발견합니다. 알고 보니 무려 사금이었습니다. 그래서 남편을 불러서 이거 팔리겠다고 말했는데, 남편은 잘 모르겠다면서 이런 거 뒷산에 가면 산더미처럼 쌓여 있고, 가치 따윈 없다고 말했습니다. 하지만 부인은 분명히 엄청난 가치가 있다고 생각해 마을로 가져갔고, 덕분에 큰 부자가 되었다는 이야기입니다.

남성을 골라 키우는 것이 지름길이다

아라카와 요점은 그녀를 만남으로써 남자가 지금까지 몰랐던 자신의 가치를 깨달았다는 점입니다. 사금은 오늘날로 치면 '성공'을 비유한 것이겠죠. 숯쟁이 사나이는 처음부터 부자가 아니었습니다. 만약 여자가 돈 많은 남자를 찾아내는 일에만 신경 쓴다면 이런 결과가 나오지 않습니다. 부부란, 서로에게 영향을 미쳐 숨겨진 힘을 끌어내는 관계일지도 모릅니다.

나카노 남자의 운을 여자가 상승시켜주는 거죠. 확실히 남성을 키우는 편이 좋습니다. 그러면 남자가 자신을 떠나지도 않을 거고요.

아라카와 정말입니다. 덧붙여 말하면 옛날이야기 중에는 여자 쪽에서 저돌적으로 나가는 경우가 압도적으로 많습니다. 남자가 프러포즈하는 이야기는 별로 없어요.

나카노 확실히 그렇네요. 왜 그럴까요?

아라카와 기본적으로 일본 남자들은 수동적이에요.

나카노 단지 소망이 아닌 거네요?

아라카와 소망이 아니라, 그게 사실이기 때문에 우화나 일화가 되었다고 봅니다.

나카노 여성이 적극적이었다는 말이죠?

아라카와 아마 여성이 남성을 찾아다녔겠죠. 요컨대 "내 아이를 만들 사람이 너구나. 좋아, 너 내 남편이 되어라"라는 식으로요.

나카노 선택권이 여성에게 있었군요.

아라카와 옛날에는 아내가 집에서 남편을 맞이하는 쓰마도이콘妻問婚(부부가 따로 살면서 남편이 밤에 처가에 방문하는 옛 일본의 결혼 형태-옮긴이)도 있었잖아요. 남자는 선택되는 쪽이었습니다. 그렇게 생각하면 여성이 먼저 남성을 찾아 나섰다는 이야기죠. 의외로 먼저 프러포즈하는 여성이 많습니다.

나카노 저희도 결혼할 때 의논해서 결정했는데요. 특별히 결혼해달라고 하진 않았지만, 이제 슬슬 해야 하지 않겠냐고 제가 먼저 말을 꺼냈던 기억이 납니다.

아라카와 맞습니다. 형식적인 프러포즈가 아니라 자연스럽게 결혼 이야기를 꺼내는 여성이 많거든요. 그런 걸 본받아야 합니다.

나카노 남성이 먼저 고백하는 건 옛날 트렌디 드라마의 영향이죠.

아라카와 그렇습니다. 애초에 남자가 먼저 고백하는 문화는

〈네루톤 홍경단ねるとん紅鯨団〉(1987~1994년 후지TV 계열에서 방영된 TV 프로그램. 시청자가 참여하는 단체 맞선 기획이 인기를 끌었다. 프로그램 후반부의 고백 타임에 남성이 여성에게 고백한다)이 나오기 전까지는 없었죠(웃음).

나카노 추억이네요(웃음).

아라카와 그 프로그램을 통해 남자가 오른손을 내밀면서 "부탁드립니다!"라고 여성에게 말하는 의식이 생겨났거든요. 그 전에는 사귀기 전에 고백하는 문화는 없었어요. 고백하지 않아도 됐지요. 그렇기 때문에 남성이 여성에게 고백하는 문화는 고작 30년밖에 안 됐습니다.

결국 여성 외모와 남성 경제력의 등가 교환인가?

나카노 아내의 집에 남편이 찾아가는 혼인 형태를 생각하면 남성이 여성을 선택하는 줄 알았어요.

아라카와 귀족들은 그랬을지도 모르겠지만, 옛날이야기를 조사해보면 어느 날 갑자기 여성이 나타나서 결혼을 밀어붙입니다. 우라시마 다로 전설의 원본도 그렇습니다. 우라시마 다로는 아이에게 괴롭힘을 당한 거북이를 도와준 것이 아닙니다. 그저 낚시를 하고 있었는데 거북이가 나타나서 결혼하자고 말합니다.

나카노 원본에서는 그렇군요.

아라카와 네, 그렇습니다. 사실 거북이는 용녀입니다. 이 이야기처럼 여자가 프러포즈하는 옛날이야기가 꽤 많아요. 남자에게는 아이의 목욕물, 즉, 아이 낳을 집을 만들라고 하고요. 요컨대 경제력이 요구되는 겁니다.

나카노 그런 물고기가 있잖아요. 수컷이 둥지를 만드는 물고기.

아라카와 그래서 여성은 남성의 돈으로 만든 집에서 아이를 낳아 기릅니다. 옛날부터 남자는 경제력이 있어야 했죠.

나카노 역시 돈으로 아이를 기르는 것이군요.

아라카와 간혹 돈 없는 남성들이 "여자가 돈 많은 남자와 결혼하는 걸 참을 수 없어!"라고 말하는데요. "너희가 여자의 나이와 외모를 중시하듯 여자도 남자의 돈을 중요하게 여기니 완벽한 등가 교환이다"라는 이야기입니다.

나카노 그렇군요.

아라카아 맞선 제도는 거기에서 낙오된 사람들끼리 짝을 이루기 위한 시스템입니다.

나카노 인스타그램에서 〈배철러레트Bachelorette〉라는 프로그램 광고를 자주 보는데요. 고스펙 여성과 결혼하기 위해 남성들이 경쟁하는 프로그램이며, 거기에 출연하는 고스펙 여성은 명문대 출신 여성이 아니라 승무원이나 모델입니다. 즉, 여성의 최고 스펙은 '외모'라는 겁니다. 수입이나 학력이 아니고요. 여성들은 별로 좋지 않게 생각할지도 모르지만, 여성이 남성의 경제력을 중시하는 것과 같습니다.

아라카와 맞아요. 똑같아요.

나카노 여성의 최고 스펙이 외모라면 다 성형을 하겠네요.

아라카와 근데 그게 최근 몇십 년 동안 생겨난 문화가 아니라, 벌써 몇천 년째 이어져 내려온 거잖아요. 화폐가 없던 시절에는 사냥 능력이 곧 경제력이었고요.

나카노 네. 미인을 '상옥上玉'이라고 불렀을 정도니까요.

아라카와 그렇습니다. 그래서 어쩔 수 없는 부분이라고 생각합니다.

커플 매칭 앱은 연애 약자를 구할 수 없다?

아라카와 옛날에는 낙오된 사람을 구하는 맞선 제도라는 매칭 시스템이 있었기 때문에 어떻게든 결혼할 수 있었는데요. 지금은 거의 없잖아요.

나카노 딱히 결혼 안 해도 되니까요.

아라카와 맞습니다. 결혼 안 해도 되죠. 게다가 매칭 앱에서는 애초에 그런 시스템이 없어도 충분히 누군가를 만날 수 있는 사람끼리 맺어지고 있습니다.

나카노 좀 재밌네요(웃음).

아라카와 결국 낙오된 사람은 구제받지 못하는 겁니다.

나카노 그렇군요. 존재 가치가 별로 없겠네요.

아라카와 정말 결혼하고 싶지만 만남이 이루어지지 않는다는 사람들은 그저 머릿수만 채우는 회원일 뿐입니다. 그리고 그들을 배제한 채 이런 시스템 없이도 연애할 수 있는 강자들이 혼자서 여러 명과 즐기는 거죠.

나카노 약자가 구원을 못 받는군요.

아라카와 그렇습니다. 여성이라면 열심히 남성이 말을 걸어주길 기다리지만 좀처럼 어렵습니다.

나카노 남자가 좀 더 신중한 입장이니까요.

아라카와 그래서 정말 결혼하고 싶거나 아이를 낳고 싶다면, 이제 여성이 직접 찾아 나서야만 합니다. 남성은 이미 혼자라도 괜찮다며 반쯤 체념한 상태에 접어들었기 때문입니다(웃음).

나카노 그럭저럭 살아갈 수 있겠죠? 때에 따라서는 그쪽이 더 이득이니까요.

아라카와 이제 가상현실에서 살아가겠다는 거죠.

나카노 가상의 부인과 평생의 동반자로 살아가는군요.

아라카와 그거로 충분히 행복하니까요. 게다가 한 번도 성경험을 하지 않은 채 40세, 50세가 되는 남성도 증가하고 있습니다. 더는 섹스에 관심이 없는 거죠.

이제 결혼은
취미 생활? 경제 활동?

나카노 상당히 충격적이네요. 저출생만 봐도 결혼의 가치 자체가 점점 달라지고 있고요. 상방혼, 즉 외모와 경제력을 맞바꾸는 관계도 경제 활동이라기보다는 취미의 영역이 되고 있습니다. 왜냐하면, 결혼이라는 경제 활동을 하지 않아도 그런 사람들은 충분히 혼자서 살아갈 수 있잖아요. 그러면 결혼은 꼭 해야 하는 것이 아니라, 하고 싶으면 하는 '취미'가 되는 거죠. 그때 사회 구조적으로 다음 세대를 어떻게 만들어내야 하느냐는 문제가 생기는데, 결혼이 취미처럼 되면 나라에선 손쓸 방법이 아무것도 없게 됩니다. 그러면 점점 자녀 수가 줄어들겠죠.

아라카와 다만, 실제로 조건 등을 생각하지 않고, 서로 좋아서 또는 아이가 생겨서 결혼하는 사람들이 아직 많습니다. 특히 지방에 많아요. 사실 여성의 초혼 연령대를 보면 20대가 60%를 차지합니다.

나카노 60%라니 많네요.

아라카와 그래서 만혼화가 진행된다곤 하지만 39세, 40세가 넘어서 결혼하는 사람이 늘었기 때문에 평균치가 높아졌을 뿐입니다. 실제로는 기혼 여성의 60%가 20대에 초혼을 했고, 경제력과 관계없이 결혼하는 사람도 많습니다.

나카노 전략적 결혼이 아니라, 그냥 했다는 말이군요.

아라카와 맞습니다. 그리고 취미로 결혼하는 사람도 있겠죠. 거기에 한몫하는 것이 인터넷상에서의 매칭입니다. 이것 때문에 놀이 혹은 취미로서의 결혼이 점점 증가하는 것일지도 모릅니다.

나카노 오락으로서의 결혼인가요?

아라카와 그렇습니다. 다만 경제 활동으로서의 결혼, 즉 혼자서는 살 수 없지만 둘이서는 먹고살 수 있다고 여기는 그런 종류의 결혼이 아직은 존재합니다. 오히려 어느 시대에나 일정 수가 존재하며 별로 차이가 없습니다. 언젠가 혼인율이 낮아지더라도 절반은 경제 활동으로서의 결혼이 아닐까 생각합니다. 50% 이하가 되지는 않을 것 같아요.

나카노 둘이라면 먹고살 수 있는 시스템으로서의 결혼, 즉 통신사의 '친구끼리 할인 제도'와 같은 결혼은 남는다는 말이네요.

아라카와 그런 생각이 들더라고요. 어쨌든 이래저래 결혼하는 사람이 절반 정도 있으니까, 그 사람들이 아이를 낳아 키우고, 결혼하지 않는 사람이나 아이가 없는 사람이 그들을 도와주는 것이 사회에 이롭지 않을까 생각합니다.

결혼하는 사람과 하지 않는 사람의 공존이 아이 키우기 쉬운 사회의 열쇠

나카노 좋네요. 어느 국회의원이 결혼하지 않으면 생산성이 없다고 말했는데요. 저는 반대 입장이었거든요. 결혼하지 않으면 생산성이 없다는 말은 사실 집단으로 보면 맞지 않습니다. 결혼하지 않은 삼촌이나 이모가 있는 집단에서 다음 세대가 더 잘 자라난다는 연구 결과가 있습니다. 캐나다에서 실시한 연구인데요. 동성애자가 조카를 돌보거나, 예술이나 음악을 가르쳐주거나, 의료나 교육 등에 금전적인 도움을 줌으로써 가족을 도와 간접적으로 유전자 계승 가능성을 높이는 '슈퍼 엉클'로서 재생산율 향상에 기여한다고 합니다.

아라카와 그 이유가 뭘까요?

나카노 인간은 태어나서 어른이 되기까지 오랜 시간이 걸리고, 그동안에는 상당히 약한 존재이기에 그들을 지원하는 누군가가 있는 사회에서 다음 세대가 자라기 쉽다는 고찰입니다. 지원할 여력이 있는 어른이 존재하는 집단 쪽이 통계적으로 보면 효율이 좋다는 겁니다.

아라카와 옛날에는 실제로 그랬잖아요. 게다가 근처에 살고 있었죠.

나카노 공동체에서 키우는 구조가 있었죠.

아라카와 옛날에는 직접 도와주는 일이 당연했습니다. 하지만 지금은 직접 아는 사이도 아니고, 혈연관계도 아니며, 근처에 살지 않지만 지원해주는, 그런 보이지 않는 공동체를 어떻게 만들어가느냐가 중요합니다. 보이진 않지만 도와주는 공동체가 있다고 믿을 수 있도록 말이죠.

나카노 인터넷이 그런 역할을 하지 않을까요? 물론 사람을 공격하기 쉽고, 손을 먼저 내밀기는 어려운 구조입니다. 하지만 요리 레시피를 올리는 사이트 등은 적어도 할머니를 대신해 요리 방법을 알려줄 수 있고, 진위를 확인할 필요가 있긴 하지만 육아 지식도 인터넷에 꽤 올라와 있습니다. 다만, 막다른 길로 몰아붙이는 말들을 쉽게 할 수 있기 때문에 심리적인 지원까지 가능해진다면 어머니들이 더욱 편해질 거예요.

아라카와 맞습니다. 육아와 관련해 인터넷에서 여러 가지를 알아보려 해도 불안하게 만드는 정보가 담겨 있기 때문에 불필요하게 궁지에 몰리게 됩니다.

또 할머니나 엄마와 함께 살면 "왜 울음을 그치지 않을까?"라고 고민할 때 "다들 그래. 잘 우는 아이일수록 나중에 잘 지내"라는 말을 해줘서 안심했잖아요. 그런데 지금은 "왜 울음을 그치지 않을까?"라고 트위터에 쓰면 "시끄러워!"와 같은 댓글이 달립니다.

나카노 대체 왜 그럴까요? "당신도 예전에는 아기였잖아!"라고 말하고 싶어집니다.

아라카와 사실 인터넷에도 제대로 된 사이트가 존재합니다. 이처럼 신뢰할 수 있는 정보도 있지만 전달되지 않고, 불필요한 정보가 너무 많습니다.

나카노 불필요한 정보 때문에 필요한 정보에 접근할 수 없는 현상이 일어나죠.

아라카와 보지 말아야 할 내용을 거를 수 있다면 좋겠네요. 육아에 해로운 정보를 필터링할 수 있다면 좋겠어요.

나카노 좋네요. 인공지능을 활용한 해결 방안을 모색해볼 수 있겠네요.

5장

솔로화와 집단화의 경계선

여기서는 시각을 넓혀 점점 솔로화하는 사회 전체를 관찰합니다. 개인을 존중하는 곳과 집단을 우선시하는 곳, 어느 쪽이 살기 좋은 사회일까요? 이 장에서는 세상에 넘치는 고정 관념 위협과 동조 압력을 해설합니다. 또한 '개인주의'로 인식되는 미국, 유럽과 '집단주의'로 여겨지는 일본의 현재 상황에 관해서도 분석합니다.

스스로 저주를 퍼붓는 고정 관념 위협의 무서움

나카노 결혼, 연애뿐만 아니라 여성의 선택과 행동 양상도 굉장히 달라졌습니다. 옛날에는 여성이 무리 지어 생활하고 싶어 한다는 도시 전설이 퍼졌지만, 실은 그렇지도 않잖아요. 여성이 태어날 때부터 그런 특성을 지닌 것은 아닙니다.

아라카와 여성의 특성에 대해 앞에서도 계속 이야기해왔는데요. 조사를 통해서도 최근에는 그런 것들이 맞지 않은 경우가 많다는 사실을 실감합니다. 1장의 '솔로 활동 시장의 확대'에서도 혼자 동물원, 수족관 같은 곳에 가거나, 여행을 떠나는 여성이 많다고 이야기했죠.

나카노 굉장히 좋은 흐름이라고 생각합니다. 혹시 '고정 관념 위협'이라는 말을 아시나요? 고정 관념이란, 사회에 널리 퍼져 있는 일반화된 개념이나 이미지를 말합니다. ○○ 분석이라든가, ○○ 진단이라든가 당신의 성격이 이렇다고 판단해주는 테스트를 하잖아요. 그러면 사람들은 거기서 말하는 자기 성격에 의존하게 됩니다. 그 현상을 '고정 관념 위협'이라고 합니다.

예를 들어, "당신의 혈액형은 A형입니다"라고 말하면, A형의 특성으로 알려진 '성실하고 꼼꼼한 행동'을 해버리는 거죠. 혈액형과 성격은 전혀 관계가 없다는 사실을 알고 있고, 수많은 학자들이 상관없다고 말했음에도 아직까지 유행하는 것이 이상하지만, 어쨌든 사람들은 "당신은 A형입니다"라는 말을 들으면 A형처럼 행동해야 한다고 생각합니다. A형은 꼼꼼하다는 말을 듣고 자신의 성격을 교정하듯 무의식적으로 꼼꼼하게 행동하려고 합니다. 그리고 나중에 "혈액형 검사 결과가 잘못됐네요. 사실 당신은 O형입니다"라는 말을 들었다고 합시다. 그러면 그 사람은 '대충대충'이라고 하는 O형의 성격 특성을 보입니다. 이상하죠?

사회로부터 그런 위협 메시지를 계속 받음으로써 그것이 내 개성의 일부처럼 되어버리는 현상이 바로 고정 관념 위협입니다. 그중에서도 혈액형보다 더 심각한 것이 성별과 관련된 고정 관념 위협입니다. 예를 들면, '여자는 수학이나 물리를 잘하지 못한다'와 같은 거죠.

유명한 실험이 있는데요. '심적 회전'이라고 해서 머릿속에서 지도나 도형을 회전시킬 수 있는지에 대한 테스트가 있습니다. 이 테스트를 하면 확실히 여성이 남성보다 평균 점수가 낮습니다. 하지만 여성에게 미리 '성별'을 의식하도록 준비, 조작한 그룹과 통제 집단으로서 '소속'을 의식하게 한 그룹의 점수를 비교하면 같은 테스트임에도 점수가 다릅니다. 여성인 점을 의식하게 하고 테스트를 실시하면 점수가 내려갑니다. 이것이 고정 관념 위협의 무서운 점입니다. 사회에서 '수학은 여자가 할 수 없는 것이다', '남자보다 잘하면 인기도 없고, 결혼도 못 한다'는 메시지를 계속 받고 있기 때문이죠.

아라카와 정말 무서운 심리적 속박이네요.

나카노 이것이 바로 스스로 저주를 내리는 고정 관념 위협입니다. '흑인이니까 이렇다'든가, '백인이니까 이렇다'와 같이 인종으로 나누었을 때도 같은 일이 일어납니다. 예를 들어, 인종 차이가 두드러지는 미국에서는 흑인 학생이 어느 학년이 되면 성적이 떨어지는 현상이 나타납니다. 사회에서 '흑인은 공부를 잘해도 백인보다 더 출세할 수는 없다'는 메시지를 어릴 때부터 계속 받아왔기 때문이죠. 그러면 '공부해봤자 소용없다'든가, '어차피 범죄자로 취급받는다'고 생각하게 되고, 무기력해지면서 성적이 떨어지는 현상이 목격됩니다.

이외에도 아시아 여성은 '얌전하고 고분고분하다'라고 인식됨에 따라 정말 그렇게 되어버리기도 합니다. 모두가 그렇다고 여기는 고정 관념에 맞춰 자신의 가능성을 한정해버리고 맙니다.

아라카와 그건 누구에게나 일어날 수 있는 일이죠.

나카노 맞습니다. 누구에게나 일어나죠. 예를 들어, '외로운 사람은 이런 성격일 것'이라고 단정하기도 합니다. '결혼 못 하는 사람은 이렇다' 이런 거요. 결혼하기 싫어서 안 했을 뿐인데도 결혼 못 하는 사람에게는 분명 문제가 있다고 판단하는 게 그동안의 사회가 아니었나 싶어요. 그러나 최근에는 여성이 고정 관념 위협으로부터 자유로워지고 있는 듯한 흐름이 보입니다. 그 자체는 매우 좋은 경향이라고 생각해요. 우선 도시 지역부터 조금씩 바뀌고 있고, 일본 전체로 확산하려면 상당한 시간이 걸리겠지만요.

아라카와 맞습니다. 오히려 남자들이 거기에서 헤어나지 못하는 느낌도 들어요.

나카노 어쩌면 남성들이 그 저주에 더 강하게 속박되어 있을지도요. '남자가 여자를 지켜야 한다'거나, '여자보다 강해야 한다'는 저주 혹은 자존심을 내려놓기 어렵습니다. 그렇지 않으면 자기를 용서할 수 없다는 괴로움이 남성에게 있을지도 모르겠네요.

오타쿠=범죄자?
왜 근거 없는 고정 관념이 양산되는가

아라카와 다만, 고정 관념이나 편견이 세상에서 사라지는 일은 없겠지요. 결국, 그때그때 새로운 고정 관념이 생겨납니다. 어떻게 보면, 다른 사람에게 제멋대로 딱지를 붙여버리기 때문에 영원히 없어지지 않습니다. 예를 들어, 오타쿠나 페미니스트의 속성에 대해서도 고정 관념을 바탕으로 단정하는 발언들이 많이 보입니다. 특히 트위터에서요.

나카노 종종 거론되는 이야기로 미야자키 쓰토무(어린 여자아이 연쇄 유괴 살인 사건의 범인)의 방에 애니메이션 비디오가 산더미처럼 쌓여 있었다고 하는데요. 실은 그의 방을 촬

영한 사람이 일부러 비디오를 잘 보이는 위치로 옮겼다는 일화를 들은 적이 있습니다.

집에 틀어박혀 게임만 하는 오타쿠 남성이 변태 취급을 받거나 범죄자처럼 이야기되는 경우가 많습니다. 그러나 실제로는 마초, 체육계 남성이 성범죄를 저지를 가능성이 높습니다. 이것은 높은 남성 호르몬 수치가 영향을 미친다고 합니다. 하지만 이상하게도 대부분 그런 남성보다 중성적이고, 통통하고, 여성 호르몬이 많은 듯한 남성을 의심합니다. 이것이 바로 고정 관념 위협이 아닐까요.

아라카와 그런 종류의 범죄를 저지르는 사람은 여성과 사귀어본 적이 없고 인기 없는 유형, 즉 오타쿠일 것이라는 논리입니다. 이렇게 인과 관계가 애매한 것을 점점 연결해나감으로써 고정 관념이 완성되는데요. 그것을 방송에서 범죄 심리학자가 태연한 얼굴로 말하는 것은 옳지 않다고 생각합니다.

나카노 그렇죠. 매체도 바뀌어야죠.

아라카와 이런 논리가 허용된다면 "이런 범죄를 저지르는 놈은 카레를 좋아합니다"라고 말할 수도 있겠죠. "그건 그래.

모두가 카레를 좋아하잖아" 이런 식으로요(웃음). 이렇게 이상한 논리를 펼치는데, 그 대상이 오타쿠라는 이유만으로 사람들이 옳다고 받아들이더라고요. 신기하기 짝이 없습니다.

나카노 정말 그래요. 근거가 없는데 모두가 수긍하다니, 사회 통념의 무서운 점이죠. '이런 모습을 하고 있으니까 분명히 이렇겠지'라고 아무런 근거 없이 생각합니다. '저런 미인이 거짓말을 할 리가 없다' 이런 거요.

아라카와 맞습니다. TV에서 범죄자 얼굴을 보고 "딱 봐도 악인이네"라고 하는데, 사실 이건 굉장히 무서운 일입니다.

꽃미남 정치인이 선거에 강한 이유

나카노 아직 큰 업적이 없는 젊은 꽃미남 정치인을 온 세상이 막 띄워주다가, 상황이 바뀌자 사람들이 달려들어 깎아내린 일이 있었습니다. 본인에게는 안타까운 일이지만, 그것은 그가 잘생겨서 벌어진 일이죠. 실적이 아직 없는데 왜 띄웠을까요? 좀 더 경험을 쌓은 뒤에 평가하면 될 일인데 말이죠. 〈사이언스〉지에 선거 득표율에 대한 실험 결과가 실렸는데요. 미국 의회 선거 후보자의 얼굴을 보고 결과를 예상하는 실험이었는데, 우연일 수 없는 확률 이상으로 맞았다(예를 들면, 2002년 상원 선거에서는 68.8%)고 합니다. 능력 있어 보이는 외모를 가진 사람이 실제 선거에서도 통한다는 것입니다.

아라카와 생김새가 중요하네요.

나카노 정책 따위는 보지 않는다는 거죠.

아라카와 맞아요. 선거 포스터 사진을 왜 저렇게까지 찍는지 이해가 가지 않았는데, 결국 얼굴로 결정되기 때문이겠죠. 노인을 속이는 사기꾼은 모두 사람 좋은 얼굴을 하고 있잖아요.

나카노 맞아요. 사기꾼은 되게 좋은 사람처럼 보이죠.

아라카와 그래서 사람은 겉보기로는 모른다고 말하면서도 겉모습에 속는다고 하잖아요.

나카노 그렇습니다. 사람을 겉모습으로 판단하지 말라고 이야기하지만, 결국 우리가 사람을 겉모습으로 판단하고 있다는 의미죠.

속성vs속성
-개인보다 공동체 의사를 우선시하는 위험성

아라카와 '오타쿠=범죄자'라는 편견도 그렇지만, 소위 '속성 대 속성의 싸움'이 되고 있지 않나 싶습니다. 요컨대 개인 대 개인이 아니라 '이런 말을 하는 놈은 이런 놈이다'라고 딱지를 붙이고, '너는 그 그룹 안에 포함되어 있으니 공격하겠다'는 겁니다. 서로 개인을 안 보는 거죠.

나카노 집단으로만 본다는 걸까요?

아라카와 그렇죠. 집단 안에 포함된 개인을 공격하다가 점점 집단 대 집단의 싸움이 됩니다.

나카노 그런 현상은 인터넷상에서 현저하게 나타납니다. 한국 배우가 멋있다고 말하기만 해도 반일이라며 공격받기도 하는데요. 멋있는 것과 정치적 입장은 별로 상관없잖아요. 조금이라도 "한국 과자 맛있네"와 같은 말을 해선 안 됩니다. 과격한 애국 집단으로부터 무차별 공격을 받으니까요. 이제는 취미도 함부로 말할 수 없는 분위기가 되었습니다. 그들에게 공격받는 쪽은 한국에 대해 특별한 생각이 전혀 없습니다. 한국을 지나치게 치켜세울 생각도 없고, 반일도 아닙니다.

아라카와 맛있는 걸 맛있다고 말했을 뿐이죠.

나카노 그렇습니다. 그래서 "한국 화장품은 쓸 만하다"와 같은 발언을 하기만 해도 "너도 성형했냐!"라며 욕설을 듣습니다. 성형이 아니라 메이크업 이야기를 하는데 말이죠.

이처럼 고정 관념에 저촉되면 심한 공격을 받는 현상이 인터넷에서 두드러지는데요. 표적이 되면 매우 불합리한 말을 듣거나 괴롭힘을 당합니다. 그것도 집단주의의 모습 중 하나일지도 모르겠네요. 자기가 속한 집단의 사람에게는 친절하지만, 그 사람이 집단 밖으로 나가면 가차 없이 공격하는 거죠.

가장 심한 공격을 받는 사람이 누군지 아세요? 같은 편인 줄 알았는데 다른 목소리를 내는 사람입니다. 그런 사람이 배제되어야 할 사람으로 취급되어 가장 심하게 공격받습니다. 이것은 매우 흥미로운 현상입니다. 뇌에는 그런 사람을 찾아내는 시스템이 있어요. 예를 들면, 자신의 동료, 즉 옥시토신의 영향권 안에 있어야 할 사람이 규칙과 다른 이야기를 시작합니다. 그러면 그 사람을 집단 안으로 다시 데려오거나 내보내야 한다고 생각하게 됩니다. 그래서 공격을 가하거나 그 사람을 교정하려고 합니다. 개인의 의사는 허락되지 않고, 집단의 의사에 따르라는 압력을 가하는 거죠. 최근 몇 년간 그 현상이 매우 두드러지고 있습니다.

아라카와 옥시토신은 '애정 호르몬'이라고 불리는 신경 전달 물질이죠?

나카노 그렇습니다. 이것은 애착이나 사람과의 관계 형성에 영향을 주는데, 그 효과가 잘 나타나는 사람이 있습니다. 효과가 좋은 유형은 집단주의적이라서 개인의 의사보다 유대감을 소중히 하는 경향이 있습니다. 일본에는 유대를 소중히 여기는 사람이 많은 느낌이지요.

아라카와 이것은 코로나 19로 불안감이 높아진 요즘, 마스크를 쓰지 않고 전철을 타는 사람을 모두가 무서운 눈으로 바라보는 것과도 통합니다. '넌 모두에게 피해를 주고 있어' 이런 느낌이잖아요.

나카노 뭐랄까, 좀 차별적인 시선이죠.

아라카와 예를 들어, 전철에 탄 사람들은 생면부지의 타인입니다. 그 생면부지의 사람이 한번 기침을 하면, 다른 모두가 '이 자식 뭐야!' 이렇게 생각하는 순간이 있습니다. 그러면 모두 나와 똑같이 생각하니까 자신이 옳다는 기분이 듭니다.

나카노 맞아요.

아라카와 그 순간, 내가 옳았다는 느낌이 밀려온다고나 할까요.

나카노 압도적 정의의 편에 선 듯한 고양감이 있죠.

아라카와 그것이 지나치면 사람은 굉장히 잔혹해져서 잘못 하면 마녀사냥처럼 타인을 태워 죽일 듯한 수준까지 도달하기도 합니다.

나카노 마녀사냥은 정말 그런 원리로 이뤄지지 않았을까요?

아라카와 그렇죠. 그런데 방금 전철에 관한 이야기도 옥시토신이 일으킨 짓인가요?

나카노 그렇다고 봅니다. 집단을 중시하고, 내가 정의의 편에 선 듯한 기분을 느끼죠. 그때 정의란, 집단의 논리를 말합니다. 모두가 그렇다고 생각하는 것, 모두가 옳다고 생각하는 것, 그것이 그들이 말하는 정의입니다. 집단의 논리를 지킴으로써 정의로운 자기 모습을 인식하고, 굉장히 기분이 좋아지죠. 그러면 설령 규칙을 지키지 않은 사람이 죽어버려도 자신은 정의로운 행동을 했다고 생각해 별로 죄책감을 느끼지 않습니다.

실제로 중세 유럽에는 마녀사냥이 있었다고 합니다. 사실은 중세라기보다는 계몽주의 시대 정도로, 르네상스 시대보다 나중인데요. 모두의 논리를 따르지 않는 약간 튀는 사람, 소통이 잘 안 되는 사람이 타깃이었습니다. 중세의 미망迷妄이 부른 비극이라고 생각하는 분들이 많겠지만, 사실은 정의를 이루려는 이성이 폭주해 인간을 단죄한 사건이었습니다.

사실 당시에는 남성도 마녀사냥을 당했는데요. 니가타대학의 고바야시 시게코 선생님이 꼼꼼하게 문헌을 찾아가며 연구하고 있습니다. 예를 들어, 당시 유럽에서는 곡식을 방앗간에 가져가서 분말로 만들어 사용했잖아요. 그런데 가져간 곡물의 양보다 분말이 적다는 생각이 들면 그것이 착각이어도 소문이 퍼지고 방앗간이 표적이 됩니다. 일단 표적이 되면 벗어나기 어렵습니다.

아라카와 살인으로 가기까지 막힘없이 관통하는 느낌이 위험한 거 같아요.

나카노 멈추지 않는 거죠. 끔찍한 이야기지만, 인간은 거기에서 기분 좋은 느낌을 받습니다. 정의의 편에 서는 것이 모두에게 이롭다고 생각해서 그것을 멈추려고 한다면, 그 멈춘 사람이 표적이 되고 맙니다.

아라카와 역시 일신교의 폐해라고 할까요. 선과 악, 신과 악마로 구분하는 이원론의 영향으로 죽이지 않으면 안 된다는 정도로까지 가버리는 걸까요?

나카노 일신교뿐만 아니라 다신교 지역에서도 그러한 공격이 상당히 심합니다. 인간 고유의 특성이라고 해야 할 듯해요.

아라카와 무서운 상황이네요. 최근 인터넷상에서 많이 이루어지는 타인 비방에 대해서는 7장에서 더 자세히 알아보도록 하겠습니다.

집단에 대한 소속 욕구가 개인을 등한시하게 한다

아라카와 결혼해서 아이를 낳으라고 말하는 기혼자와 혼자 사는 게 뭐가 나쁘냐는 독신자가 바로 이런 속성 대 속성 대결 구도를 형성하고 있습니다. 기혼자는 자녀를 낳지 않는 독신자가 미래에 자신의 아이가 낸 연금으로 걱정 없이 태평하게 사는 것을 참을 수 없다는 입장입니다.

나카노 왠지 자식을 낳지 않으면 국민이 아니라는 듯한 말투네요.

아라카와 그렇죠. 의무를 다하지 않았다는 비난이죠. 하지만 독신자는 '내가 지금 내는 세금으로 당신 아버지도 생활하시겠지'라고 생각합니다. 그런 발전 없는 대화를 주고받습니다. 그래도 옛날에는 결혼이 당연한 시대였기 때문에 "알겠습니다. 결혼하겠습니다"라고 독신자 측에서 말했거든요. 그런데 독신자가 점점 다수파가 되어가고, 미래에는 인구의 절반이 독신자라고 하니 기혼자 측도 초조해지겠죠. 자신들이 어쩌면 소수파가 될지도 모르니까요. 지금 바로 그 경쟁이 이뤄지고 있고, '독신은 악'이라고 말하는 사람도 많습니다.

나카노 반대 움직임이 있군요.

아라카와 그렇죠. 바로 속성 대 속성 싸움이죠. 그 부분에서 서로 정의를 내세우는 겁니다.

나카노 각자의 정의를 말이죠. 본인들은 기분 좋을지도 모릅니다만…….

아라카와 솔로 입장에서 보면 갑자기 트집이 잡혀 뭔가 나쁜 사람이 된 것 같지만, 별로 상관은 없습니다(웃음).

나카노 상관없죠. 아이 안 낳는 여자를 마치 '악'처럼 말하지만, 연금 생활자와 비교하면 세금을 내고 있고, 아이 키우는 데 들어가지 않는 돈은 소비에 사용하고 있습니다. '경제를 돌아가게 하는 사람이 과연 누구인가'라는 생각이 드네요. 각자의 역할이 있다고 서로 인정하면 좋겠지만, 결국 모두 싸워 이겨서 쾌감을 얻고 싶은 것이라고밖에 생각할 수 없습니다.

아라카와 거기에 사람들의 지지를 받고 싶은 부분도 있겠죠. 지지를 받지 못하면 자기들 수가 적어지니까요.

나카노 자기 편을 늘려서 유대 안에서 안심하고 싶은 거죠.

아라카와 집단이 작아지는 것에 대한 두려움이군요. 그 집단에 속해서 계속 안도감을 얻고 있던 사람은 집단이 없어질까 봐 매우 두려워하죠.

나카노 국가나 집단을 위한 자기희생적 행위는 고귀한 일일지도 모르지만, 개인의 운명과 집단의 운명은 다릅니다. 한 인간의 무게를 소중히 여기는 사고방식과 공동체의 운명이 대치할 때, 사람들이 너무나 공동체와 동화되어 있다는 인상을 받습니다. 그 공동체의 운명과 자신의 운명이 겹칠 때는 특히 더 위험합니다. 사회적 배제를 통한 쾌감을 느끼기 쉽거든요. 이른바 '비국민'이라고 분류될 법한 사람에게 돌을 던지는 것이 정의가 되어버리죠. 혼자서만 덕을 보고 호화롭게 사는 놈은 맞아야 한다고 말이죠. 자아가 공동체와 동화된 사람에게는 공동체를 잃는 것이 가장 큰 공포가 됩니다. '모두'와 '세상'이라는 용어의 실체가 무엇인지 잘 모르면서 그것을 지키기 위해 목숨도 내놓으려 합니다. 눈에 보이지 않는 유대가 개인보다 위에 자리 잡게 되는데요. 그러한 상황이 국가적 차원에서 일어날까 봐 매우 두렵습니다.

가장 지키고 싶었던 것일수록 붕괴하고 마는 모순

아라카와 지금도 최소 단위로 그런 일이 일어납니다. 최소 단위란 '가족'으로, 가족 이외에는 아무도 믿을 수 없다는 믿음이 점점 더 강해집니다.

나카노 아, 그런 인식이 있군요.

아라카와 가족을 하나의 나라라고 생각하면 단 세 명의 가족, 즉 핵가족의 최소 단위가 곧 나라이며, 이 사람들 말고는 아무도 믿지 않습니다. 다른 사람들은 모두 적처럼 여기는 듯하고요. 결국, 가사와 육아를 도와주는 할머니, 할아버지도 없는 셈입니다. 그렇게 되면 셋이서 어떻게든 살아가야 하는 거죠. 하지만 그럴수록 오히려 더욱 살아가기 어렵습니다.

나카노 답답하네요.

아라카와 그러면 집안싸움만 일어나죠. 부부라면 집안일을 놓고 서로 잘못을 따지며 내분이 일어나서 이혼합니다.

나카노 가장 소중히 여기던 것이었을 텐데.

아라카와 맞습니다. 사실 제일 지키고 싶었던 것, 가장 소중하게 여겼던 것들이 오히려 소중하게 생각할수록 무너지더라고요.

나카노 그렇군요. 가족도 그렇고, 지역 공동체라든지, 학교라든지, 여러 집단에 적용할 수 있는 개념이네요.

아라카와 그렇습니다. 그렇게 문을 닫으면 닫을수록 소중한 것들을 지킬 수 있다고 여기기 쉽습니다.

나카노 착각해버리는군요.

아라카와 성문을 닫으면 안전하다고 생각하지만, 사실은 그곳에 갇혀 죽게 됩니다.

나카노 굉장하네요. 식량이나 눈에 보이는 것만 자원이라고 생각하지만 실은 심적 자원이라는 것도 있고, 이것이 고갈되면 유대를 통해 안도감을 얻으려고 하잖아요. 그러면 따뜻해야 할 유대가 서로의 행동을 감시하고 속박하는 것으로 변질하고 맙니다.

아라카와 유대란 결국엔 족쇄가 되죠.

나카노 맞습니다. 그런 느낌이죠. 유대를 개인보다 우선시하면 개인의 가치는 점점 떨어집니다. 그리고 그에 대한 반동으로 유대가 뚝 끊어질 것입니다.

사실은 동조 압력이 강한 미국
-사람과 연결되지 않으면 낙오자가 되는 나라

아라카와 개인보다 집단(공동체)이 우선시되는 현상은 동조 압력(특정 집단에서 의사결정이 이루어질 때, 소수가 다수에게 의견을 맞추도록 강제하는 일을 말한다-옮긴이)이 강한 일본에서만 가능한 것 같지만, 사실은 일본인보다 미국인 사이에서 더 강하게 나타납니다. 도표 25는 일본·미국·중국·한국 고등학생을 대상으로 비교 조사를 한 것인데요. '친구에게 맞추지 않으면 걱정이 된다'고 답한 비율이 동아시아 3개국은 모두 30% 정도인데, 미국은 남자는 약 50%, 여자는 60%가 넘었습니다. 미국은 고등학생이 졸업 파티에서 짝을 지어 춤을 추는 문화도 있잖아요. 의외로 미국이 더 혼자 있는 것을 허락하지 않는 사회일지도 모르겠습니다.

나카노 미국은 확실히 그런 습관이나 문화가 있는 것 같아요. 홈 파티도 그렇지만, 결국은 연대하는 사회잖아요. 애초에 사람과 연결되어 있지 않으면 낙오될 수밖에 없는 나라라고도 할 수 있습니다. 하버드 같은 아이비리그(미국의 8개 명문 사립 대학을 일컫는 말)에 가려는 이유도 좋은 학력을 원해서이기도 하지만, 그 사회에 들어가는 일이 매우 중요하고, 그 사회에 들어가지 못하면 낙오된다는 두려움 때문이기도 하죠. 단순한 동조 압력을 넘어서 그 사회 경제 시스템에 자신이 들어가지 못하는 것에 대한 불안도 큰 영향을 미칩니다.

아라카와 전에도 말했지만, 이런 것들에 대해 세계적으로 제대로 된 조사가 이뤄지면 좋겠어요. 이것 자체도 고정 관념이지만 일본인은 집단주의이고 서양인은 개인주의라고 알려졌잖아요. 실제로는 어떤지 궁금합니다. 의외로 그리 다르지 않다고 생각해요.

나카노 일본인이 서양인보다 혼자 밥 먹는 일에 대한 거부감이 없는 점을 보면 확실히 그렇네요.

도표 25 친구에게 맞추지 않으면 걱정된다

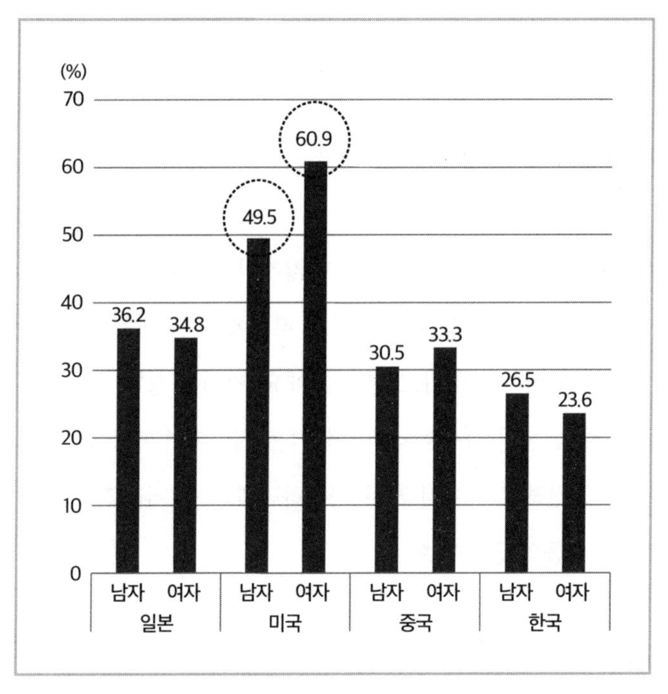

※ 2018년 국립청소년교육진흥기구의 '고등학생의 심신 건강에 관한 의식 조사 - 일본 · 미국 · 중국 · 한국의 비교'를 참고하여 아라카와 가즈히사 작성.

아라카와 전혀 거부감이 없고, 혼자 생활해도 외롭지 않은 사람이 많습니다.

나카노 외롭지 않죠. 저도 혼자 있는 걸 좋아합니다.

아라카와 아니요, 나카노 씨는 기혼자이니까 사실은 외로울 거라고 생각합니다.

나카노 어머, 이상하네요(웃음).

아라카와 '진짜 솔로'는 외롭지 않지만, 기혼자는 외로움을 느끼는 비율이 높습니다. 아마도 평소에 혼자 밥을 먹는 기혼자라면 외롭지 않다고 말할 거예요. 자신의 상태나 처지를 긍정하고 싶기 때문이죠. 어떤 기혼자는 가족끼리 밥 먹는 것을 긍정하고 싶어서 혼자 생활하면 외로울 거라고 생각합니다. 행동의 긍정이죠.

나카노 그렇군요. 저는 일정이 맞을 때를 제외하고는 각자 좋아하는 메뉴를 원하는 시간대에 먹고 있어요. 이것도 세계적으로 조사가 이뤄지면 좋겠네요.

개인보다 사회를 우선시하는 서양, 에도 시대부터 솔로 문화인 일본

아라카와 2장에서도 이야기했지만, 해외 매체와의 인터뷰에서 혼밥 이야기를 하면 '그것 참 불쌍하다'며 동정을 받습니다. '식사는 모두와 함께해야 하고, 혼밥은 본인이 원한 것이 아니므로 불쌍하다'는 사고방식입니다. 스스로 원해서 혼밥을 선택했다고는 생각하지 못하는 거죠.

나카노 하긴, 제가 프랑스에서 공부하며 박사 과정을 밟고 있을 때 일본과 다르다고 생각한 적이 있어요. 파리에서는 조금 좋은 레스토랑에 가고 싶어도 그런 분위기 때문에 혼자서는 들어가기가 어렵습니다. 그래서 음식을 먹으러 가기 위해 남자인 친구를 사귀었습니다. 가게 측에서 연인으로 생각하도록 말이죠. 그런 친구를 만들지 않으면 좋은 레스토랑에 갈 수 없습니다.

아라카와 지금도 고급 레스토랑은 혼자서 입장할 수 없어요. 참 이상하죠.

나카노 차별받고 있는 거죠. 솔로 차별이 존재합니다.

아라카와 혼밥 문화가 화제가 되기 전부터 일본의 아저씨들은 혼자서 밥을 먹었습니다. 대폿집이나 고깃집에서 혼자 무언가를 먹는 아저씨들이 있었으니까요.

나카노 맞습니다. 서양 사회가 파트너십이라든지, 가족과 함께 식사하는 일을 중요하게 여기잖아요. 그래서 '혼자 식사하는 문화는 일본에만 있지 않을까'라고 생각한 적이 있습니다. 슈퍼에 음식을 사러 가도 1인용으로 포장되어 있고, 일본은 그런 문화가 일반화되어 널리 퍼져 있지요. 프랑스 슈퍼에는 1인용으로 포장된 음식이 없더라고요. 애초에 편의점이 없고 담배 가게뿐입니다. 1인용 음식을 살 수 있는 곳은 샌드위치 가게, 크레이프 가게, 케이크 가게 정도죠.

아라카와 1인 가구를 위한 소포장 상품이 앞으로 전 세계를 석권하지 않을까요. 예전에는 일본 슈퍼에서도 가족용으로 음식을 팔았지요. 고기도 4인분 정도로 포장되어 있었습니다. 그런데 지금은 소량 포장된 상품들이 늘어나고 있어요.

나카노 인터넷에 올라오는 레시피도 그 기준이 4인분에서 2인분으로 바뀌고 있습니다.

아라카와 그렇습니다. 결국 혼자 사는 사람은 4인분을 사봤자 3인분은 썩힐 뿐이죠. 한 끼 먹으면 잊어버려서 남은 고기가 냉장고 안쪽에서 발견되거나 하잖아요. 많이 허비되고 있어요. 그렇다 보니 서양인 입장에서는 혼자 그때 먹을 만큼 사고, 판매자도 그만큼만 파는 형태의 서비스가 매우 획기적으로 느껴진다고 합니다. 솔로를 위해 1인용 물건을 판다는 발상이 없거든요. 개인이 있어서 사회가 존재하는 것이 아니라, 사회가 있기 때문에 사회 구성원으로서 개인이 있다고 생각하기 때문입니다.

나카노 굉장히 흥미롭네요. 일본 쪽이 앞서고 있군요.

아라카와 앞서고 있다기보다는 에도 시대로 돌아갔을 뿐입니다. 원래 '대량 생산, 대량 소비'의 슈퍼마켓 문화가 서구에서 왔거든요.

나카노 정말 재밌네요. 저의 조상도 에도(니혼바시 지역)에 살았는데, 집안 대대로 혼자 있는 걸 좋아하나 봐요.

아라카와 원래 에도 시대에는 자신이 먹을 만큼 세세하게 분량을 측정해서 판매하는 개별 소비 형태였습니다. 지금으로 보면 편의점식 판매 방식이죠. 편의점은 본래 미국에서 들어온 업태이지만, 일본의 상황에 맞게 진화했습니다. 64쪽에서도 언급했지만, 편의점은 완전히 개별 소비의 장소입니다. 크리스마스 케이크조차 1인분으로 팔고 있으니까요.

나카노 편의점이 매우 중요한 생활 시설이 된 이유가 있군요. 개인에게 특화된 업태가 인간의 도시 생활을 거의 책임지고 있습니다.

솔로화와 집단화의 경계는 상황에 따라 변화한다

나카노 사회의 인프라가 점점 갖추어질수록 솔로화가 진행되는 것 같습니다. 2장에서도 말했듯이 인간은 항상 솔로를 지향하거든요. 애초에 생물의 특성일지도 모르겠네요. 그런데도 집단을 이뤄야 하는 이유는 혼자서는 맞설 수 없는 상황이 벌어졌을 때, 집단의 장점이 발휘되기 때문입니다. 외적의 침입이나 자연재해 등 위기 상황에서는 집단을 지향하는 특성이 강해집니다. 위기 상황에서 인간은 유대를 맺으려고 하지요. 이타적인 측면이 매우 강해져서 이타적이지 않은 사람을 공격하게 됩니다.

아라카와 대지진 때도 그랬죠.

나카노 그렇습니다. 위기 상황에서는 집단을 이루려 하지만, 혼자서도 안심하고 살아갈 수 있는 환경이 되면 갑자기 다 혼자 있으려고 합니다. 만약 이러한 경향을 누구나 가지고 있다면, 지금까지 국가나 지역에 따라서 개인주의적·집단주의적인 국민성이나 민족성을 띤다고 알려졌지만, 사실은 지리적·환경적 조건만 바뀌어도 달라지지 않을까 하는 가설을 저는 세우고 있습니다. 자연재해가 일어날 때는 집단주의, 안전할 때는 개인주의가 되는 거죠.

예를 들면, 감염증 위험이 큰 지역에서는 '사회적 거리 두기 전략'을 능동적으로 실시할 수 있는 사람이 더 적응하기 쉽지 않을까요? 즉, 감염병이 유행하는 사회에서는 개인주의적인 사람이 더 잘 살아남을 수 있지 않냐는 거죠. 이것도 가설이지만요.

개인주의로 잘 알려진 유럽은 깨끗한 물을 구하기 어려워서 위생에 큰돈이 듭니다. 감염에 취약한 환경 조건을 가지고 있거든요. 그들은 분위기를 살피지 않는다든가, 다수에게 맞추지 않는다든가, 규칙을 따르지 않는다고 하는데, 이것은 모두 개인주의적인 경향입니다. 이렇게 개인주의적으로 행동하지 않으면 살아남을 수 없었던 것이 아닐까요. 14세기에 대유행했던 흑사병으로 인구의 3분의 1 정도가 사망했고, 지진과 태풍이 많이 일어나는 일본과는 상당히 다른 조건들이 몇백 년, 몇천 년간 이어졌기 때문에 집단의 성질이 달라진 것도 충분히 이해됩니다.

아라카와 이탈리아의 경우에는 신종 코로나바이러스의 피해가 엄청납니다. 이른바 이탈리아인다운, 즉 의사소통을 잘하고, 활동적이며, 술집에서 어울리기를 좋아하는 사람들 사이에서 피해가 늘고 있습니다. 반면, 의사소통을 잘 안 하고, 게임만 하고, 방에 틀어박혀 있는 사람(일본인)은 피해가 적습니다.

나카노 지금처럼 코로나바이러스가 퍼진 상황에는 그런 사람들이 생존하게 될지도 모릅니다. 개인주의가 기본 바탕이 되고, 여차하면 협동하는 사회라면 일시적인 소통을 통해 위기를 극복하는 것이 알맞겠죠.

한편, 항상 협동이 필수적인 조건에서는 잠재적으로 고독에 대한 욕구가 생겨납니다. 이탈리아인과 결혼해서 이탈리아 거주 경험도 있는 야마자키 마리 씨와의 공저서에서도 이야기했지만, 일본과 이탈리아는 대조되는 부분이 있습니다. 그리고 그것이 국가와 민족에 의해서 결정되는 것이 아니라, 단순히 지리 조건으로 정해진다고 가정하면 자연스럽게 설명이 됩니다.

마음의 척도를 어떻게 측정할까

아라카와 확실히 상황에 따라 바뀌는 것이라면, 집단주의인지 개인주의인지는 국민성으로 나누기 어려운 문제일지도 모릅니다. 다만, 전 세계에 '일본인은 집단주의'라는 인식이 널리 퍼졌는데요. 실제로 일본인에게 '일본은 집단주의인가, 개인주의인가'를 물으면 거의 70~80%가 '집단주의'라고 답합니다. 하지만 '당신은 집단주의인가, 개인주의인가'를 물으면 거의 50% 정도가 '나는 개인주의다'라고 답합니다. 그렇다면 도대체 집단주의자 일본인은 어디에 있느냐는 의문이 듭니다. 모두가 자신은 개인주의라고 말하는데, 일본인 전체는 집단주의라고 생각하니까요.

나카노 집단주의와 개인주의의 정의가 표준화되어 있을까요? 사람에 따라 그에 대한 정의가 상당히 달라서 사실은 평가가 어렵지 않나 싶어요.

일본인은 집단주의가 아니라고 부정하는 연구를 본 적이 있는데요. 집단주의인지 아닌지를 판단하는 방식은 적어도 정량적(사물을 수치나 수량에 주목해 파악하는 것)이어야 한다고 생각합니다. 개인주의냐 집단주의냐를 정성적(사물을 수치화할 수 없는 부분에 주목해 파악하는 것)으로 판단한다면, 어디에 자신을 두어야 할지도 알 수 없겠지요.

예를 들어, 스스로 뚱뚱하다고 생각하는지 아닌지에 대한 기준은 굉장히 애매합니다. BMI Body Mass Index(몸무게를 키의 제곱으로 나눈 수치. 22가 기준치이고, 18.5~24.9가 보통이다)가 정확히 22 정도인데도 '뚱뚱하다'고 말할 사람은 있거든요. 어디에 기준선을 긋느냐에 따라 '일본인의 80%는 뚱뚱하다'라고 말하게 될 수도 있습니다. 하지만 그 기준과 상관없이 자신은 뚱뚱하지 않다고 주장하는 사람도 있겠지요. 이렇듯 자기 생각과 표준화된 기준이 다를 수 있기에 그 척도를 딱 잘라 말하기는 어렵습니다.

아라카와 보편적으로 그런 척도나 정의가 필요할까요? 개인에 따라 다르기도 하니까요.

나카노 그렇죠. 굉장히 어렵죠. 행복의 척도도 마찬가지고요.

아라카와 절대적인 척도는 없지 않을까 싶습니다.

나카노 동의합니다. 절대적인 척도는 없지만, 어떻게든 잴 수 있는 줄자를 도입하려는 것이 과학의 방식이죠. 행복도는 측정하기 매우 어렵고, 문화 간의 차이도 큰데요. 지금 알려진 척도로는 기분이 우울하지 않다든가, 스트레스를 받지 않는다든가, 생활에 얼마나 만족하는지 등이 있습니다.

일반적인 방법으로는 1~7까지 점수를 매기게 합니다. 정가운데에 위치하여 어느 쪽에도 해당하지 않으면 4점입니다. 이런 척도를 사용하여 지금 느끼는 감정을 측정하는 방식입니다. 다만, 설문 조사이기 때문에 거짓말을 할 가능성도 있습니다. 누군가에게 들킬까 봐 무의식적으로 본심을 숨기는 사람도 있겠죠. 그런 식으로 체면을 걱정하거나 망설이는 과정 없이 측정해보고 싶네요. "저는 뚱뚱하다고 생각합니다"라고 말하지만, 속으로는 '이 정도가 섹시하고 딱 적당하지'라고 생각할 수도 있고요. 딱 좋다는 감각도 좀처럼 말로 표현하기는 어렵습니다.

만약 그것을 측정할 수 있는 방법이 있다면 알고 싶습니다. 뇌과학에서 뉴로 마케팅(뇌과학 지식을 마케팅에 응용한 기술) 등이 유행하기 시작했을 때는 그것이 가능해질지도 모른다며 기대를 모았습니다. 그렇지만 실험실과 매장에서의 결과가 다르게 나왔고, 지금은 뉴로 마케팅에 대한 환상이 깨진 상태입니다.

인지 부하를 피하고 싶은 '요점은 아저씨'

아라카와 그렇군요(웃음). 그런 종류의 학술적인 내용을 트위터 같은 SNS에서 여러 연구자가 떠들고 있지요. 그러면 일반인 사용자 중에서 '그것에 대해서는 이렇게 생각할 수 있다'면서 자잘한 일까지 간섭하며 공격하는 사람이 나타납니다. 당연히 학자도 그렇게 생각하겠지만, 140자 이내로 말하도록 한정된 환경에서는 다 설명할 수 없습니다. 아마추어가 왜 전문가의 말꼬리를 잡고 늘어지는지도 이해할 수 없고요.

나카노 연구자도 학회에서 발표하면 좋은데, 왜 트위터에서 말하는지 궁금하네요(웃음).

아라카와 충동적으로만 말을 하거나, 의사소통 능력이 부족한 사람이 꽤 많아 보여요.

나카노 아마도 인지 과부하 상태를 피하고 싶어서가 아닐까요? 한 가지 문제를 오랫동안 곰곰이 생각하려면 두뇌의 체력과 정신적 노력이 상당히 필요합니다. 논리를 설명하는데 정보량이 너무 많으면 더 이상 따라올 수 없는 거죠.

아라카와 예시로 알맞을지 모르겠지만, 말버릇처럼 "그러니까 요점은"이라고 말하는 아저씨들이 있잖아요. 이야기를 들어보면, 전혀 요점이 아닌데.

나카노 아, '요점은 아저씨'(웃음).

아라카와 전혀 그런 이야기가 아닌데도 "요점은 이런 거지?" 이런 식으로 금방 정리하고 싶어 하는 사람들이잖아요.

나카노 이유식처럼 소화가 잘되는 간단한 형태가 아니면 이해하지 못하는 걸까요?

아라카와 잘 아는 것들만 모아서 '그렇다고 해두자'라고 하는 느낌이에요. 이야기가 잠깐 다른 곳으로 벗어났는데요. '요점은 아저씨'라고 하니까 생각난 것이 있어요. 1장에서 솔로 남성은 외식비가 많이 든다고 이야기했는데요. 그렇다고 해서 비싼 음식에 돈을 들이는 것은 아니에요. 자극적이고 단순한 음식이랄까요.

나카노 정크 푸드?

아라카와 좀 더 말하자면, 먹으면 순간적으로 쾌락을 얻을 수 있는 음식입니다.

나카노 아, 치유하기 위해 먹는군요.

아라카와 맞습니다. 순간적으로 와야 해요. 요컨대 감칠맛이 아니라 단맛이나 매운맛을 원합니다.

나카노 확 느껴지는 맛이군요.

아라카와 그런 맛이라면 저렴한 것도 괜찮잖아요. 편의점

선반을 보면 알 수 있는데요. 과자나 초콜릿 선반 규모는 절대로 줄어들지 않아요. 남자들이 사고 있기 때문이죠.

나카노 그렇군요. 추세가 눈으로 보이는군요.

아라카와 초콜릿, 과자뿐 아니라 컵라면도 줄어들지 않습니다.

나카노 결국엔 짜릿하고 알기 쉬운 맛으로 점점 치우쳐간다는 거군요. 요리사들은 '진짜 맛을 모른다'며 한탄하기도 합니다.

아라카와 미국의 초밥집에서 뭐든지 아보카도를 넣으면 된다고 하는 것도 그런 이유가 아닐까요?

나카노 맞습니다. 아보카도 연어처럼요.

아라카와 연어는 사실 초밥 재료가 아닌데 말이죠. 어떤 사람들은 연어 초밥만 먹기도 하더라고요. 참치가 아니라요.

나카노 차라리 전어를 먹는 게…….

아라카와 왠지 싱거울 것 같네요(웃음). 하지만 그들에게는 알기 쉬우니까 그게 올바른 맛이에요. 조금 이야기가 옆길로 샜지만, 이것은 '알기 쉬움'을 추구하는 '요점은 아저씨'와 같은 맥락에서 설명할 수 있습니다.

사고 정지로 이어지는 '알기 쉬움 지상주의'

나카노 그렇군요. '친숙함'으로도 설명이 되네요. 친숙한 맛이라든지요. 이것은 맛뿐만 아니라 규칙이나 얼굴에도 적용됩니다. 즉, 익숙한 것에는 모두가 호감을 느낍니다. 같은 자극을 처음 주었을 때는 10 정도 강도로 반응합니다. 두 번째는 6, 세 번째일 때는 4 정도로 반응한다는 식으로 횟수를 거듭할수록 반응은 줄어듭니다. 자극이 반복되면 인지 부하가 줄어들고 이것이 호감으로 연결됩니다. 드라마나 영화에서 상투적인 장면이 나오면 안심하는 것과 같습니다.

호감으로 연결되는 이유는 저항이 적기 때문입니다. 저항이 많으면 경계하게 되죠. 예를 들면, 처음 보는 음식은 '이거 먹어도 괜찮으려나' 하고 경계하게 되잖아요. 이 부하(저항)가 '인지 부하'입니다. '요점은 아저씨' 이야기에서 설명했듯이 곰곰이 생각할 때는 두뇌 체력이 상당히 소모되고, 눈에 익은 것, 알기 쉬운 것은 부하가 적습니다. 따라서 인지 부하가 적으면 호감을 느끼게 되는 거죠.

덧붙여서, 우리는 인지 부하가 적은 얼굴을 아름답다고 생각합니다. 이전에 본 적이 있는 평균적 외모를 아름답다고 느끼는 이유가 바로 그 때문입니다. 낯익은 평균적 외모가 자신에게 익숙한 사람들과 닮았기 때문에 호감을 느끼는 거죠. 물론 그것을 벗어나는 개성적인 얼굴은 개성 있지만, 미인은 아니라고 판단합니다.

이런 익숙함에서 벗어나는 정도와 인지 부하를 같은 개념으로 생각한다면 맛도 알기 쉬운 맛, 규칙도 알기 쉬운 질서, 얼굴도 익숙한 평균 얼굴이 지지를 받는다고 할 수 있습니다. 이것을 '순화馴化의 매커니즘'이라고 말합니다.

한편 새로운 자극을 요구하는 '신기함 탐색 매커니즘'도 있는데, 이 두 개의 매커니즘은 양립하는 형태로 존재합니다. '이쪽이 좀 더 안전하고, 저쪽은 도전적이다'와 같이 무엇을 기준으로 그 균형을 맞출지는 사회에 따라 달라집니다. 세대에 따라 선호하는 얼굴이 조금씩 다른 것도 이 부근에서 차이가 나기 때문일지도 모릅니다. 더욱 인지 부하가 낮은 쪽, 친숙함이 높은 쪽을 선호하는 것이 보수적인 방향이라고 말할 수 있겠네요. 반면 신기함을 탐색하는 경향이 높은 사람은 더 새로운 도전을 선호합니다. 일본 사회로 말하자면, 지금의 40대가 가장 그러한 경향이 높을지도 모르겠습니다.

아라카와 보수적인, 즉 알기 쉬운 것을 원하는 사람들도 처음에는 모험을 하지 않았을까요?

나카노 인생이라는 긴 시간으로 보면 그런 변화도 있었겠지요. 10대부터 20대 초반까지는 그 사람 인생에서 가장 신기함 탐색 경향이 높다고 하니까요. 다만 그 사람의 인생을 놓고 봤을 때는 젊은 시절에 그런 경향이 높다고 할 수 있지만, 현대 일본 사회로 봤을 때는 젊은이들의 그런 경향이 다른 세대에 비해서 낮은 것 같습니다. 이는 생육 환경의 변화가 큰 영향을 미치지 않았을까요?

아라카와 같은 의미로 말하자면 '안심'도 인지 부하가 적음을 의미합니다.

나카노 안심도 그렇죠.

아라카와 아무것도 변하지 않으면 안심이 되기도 하니까요. 안심을 추구하면 결국 위험도 추구하지 않게 됩니다.

나카노 안심은 곧 '불변', '잘 아는 것'과 같다는 말이군요.

아라카와 이 익숙한 얼굴을 선호하는 심리를 이용해서 자기 긍정감을 높이는 방법이 3장에서 말씀드린 '90일간의 셀피 챌린지'였습니다.

6장

나는 어떤 사람인가
- 한 인간의 다양성

이 장에서는 '나는 어떤 사람인가', '성별, 특성, 직업에 관한 고정 관념에 얽매이지 않는 다양한 나를 인정함으로써 개인이 좀 더 자유롭게 살게 되지 않을까'와 같은 주제에 대해서 생각해봅니다.

고정 관념 위협을 완전히 없애기는 매우 어렵다

아라카와 5장에서 '고정 관념 위협'의 무서움을 이야기했는데요. 세간에서는 아직도 '여자는 직감으로 선택하고, 남자는 논리로 선택한다'고 말합니다. 이것도 고정 관념이죠.

나카노 사실은 반대가 아닐까 싶은데요.

아라카와 다음 도표 26에서 남녀에 대한 고정 관념을 정리했습니다. 남자는 과묵하고 지도를 볼 수 있고, 여자는 수다스럽고 지도를 못 본다든가. 제가 말하기는 그렇지만 매우 수다스러운 남자도 많습니다.

도표 26 남녀의 성격에 대한 고정 관념

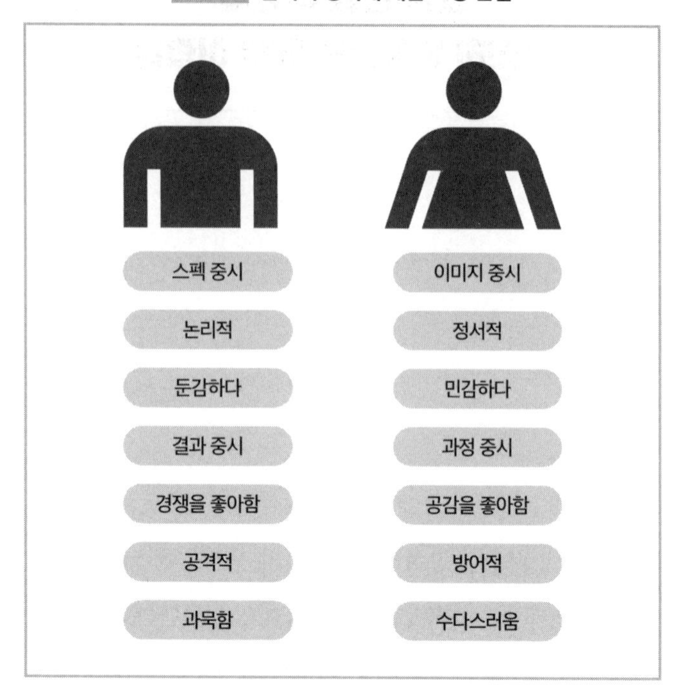

나카노 수다스러운 남성이 꽤 있지요.

아라카와 오히려 서로 자기가 말 좀 하자고 합니다.

나카노 자기 말을 들으라는 거죠.

아라카와 바로 그겁니다.

나카노 예를 들어, 어떤 분야의 장인은 과묵한 인상이 있잖아요. 하지만 기술에 대해서는 꽤 잘 이야기합니다.

아라카와 맞아요. 실제로는 다릅니다. 하지만 '남자는 △△, 여자는 ○○' 이렇게 나눠서 보여주면 거의 모든 사람이 정말 그렇다고 생각하더라고요.

나카노 음, 실제로는 로맨틱하고 유리 심장을 가진, 연애를 중시하는 남성이 '논리적'으로 여겨지는 건가요?

아라카와 혈액형으로 성격을 판단하는 것과 똑같아요. 혈액형은 성격과 전혀 관계가 없다고 몇 번을 말해도 모두가 믿듯이 이런 고정 관념을 없애는 일은 매우 어렵습니다.

나카노 저도 고정 관념을 불식하는 일은 점점 단념하게 되고, 고정 관념대로 유도하는 편이 이득일지도 모르겠다고 생각하기 시작했습니다.

눈앞에 있는 현금 1,000만 엔을 모두 가질까, 나눠 가질까

아라카와 논리를 따르는 남자, 감정을 따르는 여자. 이런 대비되는 고정 관념이 항상 따라다니죠. 자, 여기서 어떤 사고 실험 이야기를 해보겠습니다. 눈앞에 현금 1,000만 엔이 있어요. 당신과 일면식도 없는 누군가와 둘이서 그 돈을 나눠야 하고 두 가지 선택지가 있습니다.

A: 500만 엔을 고른다(둘이서 500만 엔씩 나눈다).
B: 1,000만 엔을 고른다(혼자서 1,000만 엔 전액을 받는다).

다시 말하지만, 상대방은 생면부지의 생판 남입니

다. 그림으로 나타내면 다음과 같습니다(도표 27). 다만, 조건이 있는데요. 당신이 500만 엔을 고르고, 상대방도 500만 엔을 고르면 둘 다 사이좋게 500만 엔씩 받습니다. 반면 당신이 500만 엔을 선택하더라도 상대방이 1,000만 엔을 선택하면 당신은 한 푼도 받지 못하고 상대방만 1,000만 엔을 받습니다.

반대로 당신이 1,000만 엔을 선택하고, 상대방이 500만 엔씩 나누기를 선택하면 당신만 1,000만 엔을 받습니다. 둘 다 1,000만 엔을 선택하면 둘 다 0엔입니다. 요컨대 선택지는 두 개뿐이에요. 500만 엔(나눔)인가, 1,000만 엔(혼자 갖기)인가. 나카노 씨는 어느 쪽인가요?

나카노 1,000만 엔이죠.

1,000만 엔을 선택하는 사람은 논리로 움직이는 사람

아라카와 사실, 이 사고 실험에서 기혼 여성만 500만 엔을 선택한 사람이 많고, 솔로 남녀와 유부남은 1,000만 엔을 선택한 사람이 좀 더 많습니다.

나카노 어? 저는 결혼했는데요.

아라카와 아무리 생각해봐도 나카노 씨의 가치관은 '진짜 솔로'에 가깝네요(웃음). 경제학적으로 말하면, 500만 엔을 선택하면 500만 엔 또는 0엔이니까 기대치는 250만 엔이잖아요. 1,000만 엔을 선택하면 1,000만 엔 또는 0엔이니까 기

도표 27 1,000만 엔을 다 가질 것인가, 나눌 것인가

		상대방	
		500만 엔	1,000만 엔
나	500만 엔	둘 다 500만 엔	상대방만 1,000만 엔
	1,000만 엔	나만 1,000만 엔	둘 다 0엔

대치는 500만 엔. 즉, 1,000만 엔을 선택하는 것이 절대적으로 이득입니다.

나카노 저도 그렇게 생각합니다.

아라카와 그럼 누군가는 왜 500만 엔을 선택할까요? '500만 엔으로 해두는 편이 좋지 않을까'라고 생각하기 때문입니다.

하지만 생전 처음 보는 상대입니다. 보통은 1,000만 엔을 뽑아요.

나카노 일반적으로는 1,000만 엔이죠?

아라카와 네. 하지만 기혼 여성만은 70%가 500만 엔을 선택합니다. 다만, 상대가 자신이 아는 사람이라면 기혼 남녀와 솔로 남녀의 90~100%가 500만 엔을 선택합니다.

나카노 아, 아는 사람이라면 그렇군요. 상대방에게 미움을 사지 않고 싶으니까요.

아라카와 그렇죠. 생면부지의 사람이라면 어떻게 생각하든 상관없죠. 그러니까 1,000만 엔을 싹쓸이하는 게 더 합리적이에요.

나카노 음, 논리적으로 생각하면 1,000만 엔을 선택하겠네요.

고정 관념으로는 한데 묶을 수 없다

아라카와 왜 이런 이야기를 하냐면, 1,000만 엔을 선택하는 사람은 논리적으로 움직이는 사람이에요. 자신은 감정으로 움직인다고 늘 말하던 사람이 1,000만 엔을 선택한다면 사실은 일상의 판단 기준으로 논리를 중시한다는 거잖아요. 이런 식으로 고정 관념에서 벗어나는 경우가 꽤 많습니다. 이 사고 실험으로 말과 행동이 다르다는 사실을 알 수 있는데, 정말 재밌습니다.

특히 '남자와 여자는 다르다'는 고정 관념은 사회에서 당연시되고 있는데요. 한 인간 안에는 여러 가지 면이 있습니다. 남성성과 여성성도 있고, 부성과 모성도 존재합니다.

나카노 생애 주기(라이프 스테이지)에 따라서도 달라지고요.

아라카와 그리고 상사를 대할 때의 나와 후배를 대할 때의 나, 좋아하는 사람을 대할 때의 나는 전혀 다르잖아요.

나카노 그것과 관련해서 말하자면, 사용하는 언어에 따라 페르소나(외적 인격, 주위 사람에게 보이는 자기 모습)가 달라진다는 흥미로운 연구 결과가 있습니다. 일본어로 말할 때는 겸손한 사람이 영어로 말할 때는 굉장히 열정적인 교섭자가 되기도 합니다.

왜 다들
'스타벅스에 맥Mac'일까?

아라카와 '회사에서의 나와 집에서의 나'와 같은 전환이 중요하군요. 회사에서는 빈틈없는 사람이 집에서는 칠칠치 못한 사람이 되어도 괜찮잖아요. 하지만 자신은 집에서나 밖에서나 회사에서나 다 똑같다고 고집하고, 처음부터 끝까지 일관된 모습이어야만 한다고 생각해 갑갑한 삶을 살아가는 젊은이가 매우 많습니다.

나카노 구체적으로 어떤 모습인가요?

아라카와 결국에는 셀프 브랜딩을 해야만 한다, 자신을 확립해야 한다고 생각하는 사람이 많습니다. 극단적인 표현이지만, '나는 이런 일을 하고, 이런 옷을 입고, 이렇게 걸어야 한다'며, 특히 일상에서 수준 높은 말과 행동을 하거나 어려운 외국어를 자주 사용하는 사람들이 이런 생각에 사로잡힌 경우가 많습니다.

나카노 그렇지 않으면 경제적으로 피해를 입는다든가, 그렇게 생각하는 건가요?

아라카와 그게 아니라 행동을 습관화함으로써 인격이 만들어지고 확립된다고 믿기 때문이 아닐까 싶습니다. 그래서 모든 행동을 자신이 원하는 자기 모습에 맞춰가지 않으면 절대 그렇게 될 수 없다고 생각해서 실천하는 것이죠.

나카노 제가 무의식적으로 그런 사람을 피하는 건지 제 주변에는 별로 없습니다. 항상 같은 복장을 하던 스티브 잡스 같은 느낌인가요?

아라카와 잘 모르겠지만, 특정 이미지를 따르려는 듯 보입니다. 그것을 반드시 나쁘다고는 할 수 없지만, '유일무이한 자신'이라는 생각에 사로잡혀 있으면 오히려 점점 더 답답해집니다.

나카노 흥미롭네요. 그런 식으로 하는 사람일수록 결국에는 서로 닮아가는군요.

아라카와 맞아요. 모습이 다 똑같더라고요.

나카노 다 '스타벅스에 맥'이잖아요. 왜 겉모양을 보고 선택하는지 신기했어요. 파나소닉도 괜찮은데 말이죠.

아라카와 유일무이를 확립하려고 한 결과, 오히려 비슷한 인간이 대량으로 생산되는 거죠.

나카노 굉장히 재미있네요(웃음). 개성을 주장하지만, 그 주장 자체가 비슷한 것이 되어버리는군요.

아라카와 전혀 유일무이하지 않죠.

나카노 오히려 대체할 수 있는 존재가 되어버립니다.

아라카와 반대로 그런 젊은 사람들을 봉으로 여기는 어른들도 있습니다.

나카노 그렇군요. 그런 비즈니스가 있군요.

아라카와 그런 사업에 순순히 따르는 모습을 보면 매우 답답합니다. 반대로 말하면, 그들은 어느 누구와 만나도 자신을 해방할 수 없는 사람입니다. 즉, 성실하고 우수한 태도로 일관되게 행동해버리면 칠칠치 못하거나 나약한 자기 모습을 타인에게 보일 수 없습니다.

나카노 그것 역시 큰 의미에서 자기 의사보다 다른 사람의 의견을 우선시한다고 할 수 있겠네요.

아라카와 네. '○○이지 않으면 안 된다', '○○해야 한다'라고 너무 믿고 있습니다.

나카노 반듯하고 학습 능력은 뛰어나 보이지만, 자신의 의지를 빨리 포기해버리는 것은 정말 안타깝습니다. 아까워요.

아라카와 하지만 그런 사람이 많습니다. 자기도 모르는 사이에 이미 그렇게 된 거죠.

나카노 이것도 고정 관념과 통하는 부분이 있는 듯하네요.

개성을 추구하면 오히려 남들과 같아진다?

아라카와 맞습니다. 결과론이겠지만, 다 비슷해집니다. 예를 들어, IT나 창작 계열 회사라면 젊은 사람은 모두 티셔츠를 입고, 머리를 짧게 자르고, 검은 테 안경을 쓰는 등 거의 같은 모습을 하고 있습니다. 나란히 서 있으면 모두가 같은 사람처럼 보입니다.

나카노 교복 같네요.

아라카와 우리도 고도 경제 성장기에 양복 입은 아저씨를 실컷 비웃었잖아요. 결국은 마찬가지라는 생각이 드네요.

나카노 풍자적인 문화도 있었죠. YMO의 〈증식〉이라는 앨범 재킷이 생각납니다.

아라카와 같은 인형이 늘어선 디자인이었죠? 그래서 정말 변한 게 하나도 없다는 생각이 듭니다. 24시간 싸울 준비가 되어 있던 시대의 샐러리맨이 모두 같은 양복을 입고 똑같이 전철을 타고 출근하는 모습을 비웃었을지도 모르지만, 지금의 당신들도 마찬가지라고 말하고 싶어요.

나카노 하긴, 말로는 개성이나 자신의 독자적인 세일즈 포인트를 어필하지만, 면접 복장은 다 똑같죠.

아라카와 아무것도 변하지 않았습니다. 다양성 등을 주장하면서도 통일성, 표준성을 지향하고 있습니다.

나카노 제가 예전에 바로 그런 논의를 한 적이 있어요. 조금 옛날이야기이고 벌써 추억의 문화인데요. 여고생에 관해서입니다. 제가 고등학생이었을 당시에는 누구나 자신은 개성을 중시하고 하고 싶은 일을 한다고 말했지만, 그렇다고 하기엔 모두 눈썹을 얇게 밀고, 미니스커트에 루스 삭스를 신고 다녔습니다. 그게 진짜 개성이냐는 논란도 있더라고요. 사실 그것은 개성이라고 말할 수 없습니다. 어떤 틀에 자신을 끼워 넣은 것뿐이죠. 개성이 중요하다는 말조차 틀에 박힌 것처럼 들립니다. 하지만 사람들은 그것을 순진하게 아무런 의심 없이 자신의 것으로 받아들이죠.

아라카와 아무리 처음부터 끝까지 일관되게 행동하고, 유일무이한 내가 되려고 해도 사실은 덤벙대거나 나약한 모습도 존재하잖아요. 환경이나 상황, 상대방에 따라 같은 인간이라도 다면적인 부분이 나오고요. 개개의 정체성 같은 이야기는 사실 서양의 사고방식이죠.

나카노 그렇죠. 일본어에는 '아이덴티티'에 해당하는 단어가 없으니까요.

'나란 무엇인가'라는 물음과 한 인간 안의 다양성

아라카와 그에 대한 인식이 꽤 다른 것 같아요. 일본인은 원래 가운데가 텅 비어 있고(웃음), 중공 구조中空構造라는 말도 있는데요. 저는 10대 시절 학교에서 도덕과 철학을 배울 때, 인간에게 코어(핵) 같은 건 없다고 생각했거든요.

나카노 그렇군요. 적어도 뇌과학이나 인지과학에서는 오랫동안 자아에 대한 의문이 존재했습니다. '나란 대체 뭘까?'라는 의문에 대한 답을 찾아가다 보면 '전두전야(전두엽의 일부로서 의사 결정과 관련된 영역이다-옮긴이)에 있지 않을까?'라는 생각에까지 미치는데요. '그렇다면 전두전야의 어디에 있는가'라고 물었을 때, '전두전야의 어디에도 없는 것은 아닐까?' 하고 그 소속을 확인할 수 없게 되어버립니다.

요컨대, '자아'란 사실은 존재하지 않으며, 옵션에 불과하지 않겠냐는 거죠. 여러 기능을 통합하기 위해 가짜로 그러한 기능을 만들었고, 우리가 의식할 수 있는 것은 그 거짓 기능뿐이며 코어는 존재하지 않는다는 겁니다. 그 거짓 기능은 매우 중요한 느낌이 들지도 모르지만, 실은 임시 발판이나 조립식 등이 아닐까 하는 사고방식이죠.

아라카와 자아를 옵션으로 생각하는 사고방식 좋네요. 내 안에 다양한 자아가 가득하다고 여기는 사람이 더 여유로워 보입니다.

나카노 '자아'는 모자이크처럼 되어 있다는 생각도 드네요.

아라카와 '진짜 나는 다르다', '나는 이렇다'라고 단정 짓고 거기에만 매달리면 내 안의 다양한 '나'와 타협하지 못하고, 그 간극 때문에 몹시 괴로워집니다.

나카노 그 의견에 동의합니다.

아라카와 다양한 자아로 가득하고, 할 수 있는 나와 할 수 없는 내가 있으며, 그것이 나라는 거죠.

나카노 멋지네요.

아라카와 이런 인간 내면의 다양성은 '선禪'의 사고방식이죠.

나카노 그럴 수도 있겠네요. 그런 의미에서는 동양 사상 쪽이 앞서는 느낌이 듭니다.

아라카와 스님들은 앞에서 말한 것처럼 쉽게 이야기하지 않고, '가운데는 비어 있다', '무이다'와 같이 어렵게 말씀하십니다.

나카노 사실은 이런 말을 하고 싶을지도 모르죠.

아라카와 그렇겠죠. '아무것도 없는 듯하다'라는 말은 곧 '무엇이든 있다'와 같습니다(웃음). 그러니까 누구나 다면적이라는 의미죠. 앞에서 말한 부성과 모성 이야기는 더 파고들고 싶은 부분인데요. 이것은 남자와 여자로 구분할 수 없고, 모두가 몇 %씩 가지고 있습니다. 분명 대부분의 사람은 시기와 상황, 상대와의 관계에 따라 '지금은 부성을 90%로 하는 편이 좋겠다'라든지, '이것은 모성 80%로 하자'라고 무의식적으로 조정할 것입니다.

나카노 그렇게 하고 있죠.

아라카와 회사에서는 매우 으스대고 부성이 가득한 남자가 집에 돌아가면…….

나카노 아내에게 순종하기도 하죠.

아라카와 맞아요. 어쩌면 자기 자식한테는 아기 말투로 "다녀왔쪄요!" 이렇게 말할지도 몰라요. 이처럼 같은 사람이라도 상황이나 상대에 따라 다양한 자아가 나타난다는 사실을 깨닫는 일이 중요합니다. 2장에서도 이야기했지만, 주위 사람들에게 둘러싸여 있어도 외롭다고 느끼는 이유는 아마도 내 안에 자아가 부족하기 때문일 겁니다. 상황에 따른 다양한 자아를 가지고 있다면 주위에 사람이 있는지 없는지와는 관계없이 알찬 인생을 위해서 어떻게 하면 좋을지를 고민하겠지요.

7장

세상을 움직이는 감정주의의 메커니즘

개인이나 집단의 분노와 미움이 바탕이 되는 '감정주의'는 지금 정치와 비즈니스를 움직이는 거대한 힘이 되고 있습니다. 이 장에서는 근거 없는 비방이 만연하고, 타인을 때리는 쾌감 샤덴프로이데(타인의 불행으로부터 느끼는 기쁨 - 옮긴이)에 사로잡힌 사회의 현상과 그 배경을 살펴봅니다.

감정주의가
정치와 비즈니스를 움직인다

아라카와 현대 사회에서 감정주의emotionalism는 그냥 지나칠 수 없는 개념이 되었습니다. 정치와 경제도 감정, 특히 분노로 움직이는 상황입니다. 비즈니스에서도 감정주의가 매우 중요한데요. 광고 표현 때문에 시청자의 분노가 걷잡을 수 없이 커지면 해당 상품이 매장에서 사라지거나 광고가 중단되고, 잘못하면 주가가 떨어지기도 합니다. 이런 상황은 바로 분노에서 비롯되는데요. 극소수의 사람이 도화선이 되어 전체로 퍼지고 맙니다. 비즈니스에서는 이런 경우가 꽤 있습니다.

나카노 그렇군요.

아라카와 "아, 그거 알지", "나 그거 좋아해"라고 말하지만, 사지 않습니다.

나카노 대체 이유가 뭘까요? 다른 얘기지만, "팬이에요"라고 말하면서 제 이름을 헷갈리는 사람들도 있어요.

아라카와 맞아요, 그런 사람들 있죠(웃음).

증상모략이
이제는 쾌락이 되었다?

아라카와 감정주의는 분노와 증오를 바탕으로 움직입니다. 요즘 인터넷상에서 남을 비방하는 사람이 굉장히 많죠. 싫다거나 짜증 난다는 생각이 드는 순간, 상대방의 숨통이 멎을 때까지 계속 때리잖아요. 그런 사람은 모두 자기는 폭력을 휘두르거나 죽이지는 않는다고 말하지만, 그것이 결국 정서적 살인이라고 생각합니다.

나카노 진짜 너덜너덜해지게 만들고, 사회적으로 매장하는 수준까지 가잖아요. 특히 불륜 사건과 관련해서 그런 일들이 자주 벌어지는데요. 어느 여배우 같은 경우에는 거의 사회적으로 말살된 느낌이에요. 모 수영 선수나 뺑소니 사건을 일으킨 배우 때리기도 상당합니다. 그들이 벌인 일을 판단하는 것은 좋아요. 하지만 일단 그 대상의 목숨이 끊어진 상태를 모두가 확인하기 전까지는 진정되지 않습니다.

아라카와 정말 숨통을 끊어놓으려고 하죠. 대단합니다. 바퀴벌레를 싫어하는 사람도 보면 마치 벌레를 죽일 수 없다는 듯한 얼굴로 잔혹하게 죽이잖아요.

나카노 이제는 분노라고도 부를 수 없을지도 모릅니다. 생리적 반응이라고 할까요.

아라카와 감정주의에서는 "바퀴벌레가 나와서 죽였습니다. 하지만 어쩔 수 없었어요"가 아니라, 바퀴벌레를 싫어한다면서 매일 바퀴벌레를 찾아다니며 "여기 있다!"라고 소리치며 때려죽이는 느낌입니다.

나카노 보통 사람에게 일부러 바퀴벌레 가죽을 씌워서 때린다는 느낌마저 듭니다. 즉, 아무 잘못도 없는 사람을 때리는 거죠.

아라카와 정의보다는 그저 쾌락을 위한 행위 같다는 생각이 듭니다. 그렇게 때리는 행위 자체가 쾌감을 느끼기 위함인 거 같아요.

나카노 그렇네요. 감정이 그런 행동을 하도록 몰아가고 있죠. 오락처럼 되어버린 것 같아요.

잘못을 저지른 사람을 처벌하고 싶은 감정은 선천적인 것이다

아라카와 예를 들면, 어떤 사람들은 말도 안 되는 캠페인을 하고 있다며 애니메이션 마니아를 공격하기도 합니다. 보지 않으면 될 텐데, 일부러 검색해서 시골에 있는 포스터를 찾아옵니다. 도시나 눈에 띄는 장소에 붙어 있는 것도 아닌데, 엄청난 집념으로 찾아냅니다. 그냥 때리고 싶어서요. 이것도 뇌내 물질 때문인가요?

나카노 그렇습니다. 이것은 분명히 도파민(신경전달물질의 일종으로, 무언가를 하고자 하는 의욕과 관련된다)의 효과로서 규칙에서 벗어나 조금 이득을 얻고 있는 사람이 실패하는 모습을 보고 싶은 마음이 생깁니다. 인간은 교활한 사람이 제재 받는 것을 보고 싶어 하는 욕구가 있고, 그것이 충족되면 도파민 농도가 상승합니다.

연구 결과에 따르면, 인간에게는 어릴 때부터 이런 욕구가 존재한다고 합니다. 5세 아이에게 게임을 하는 사람들을 보여주고, 규칙을 위반하는 사람을 보여줬습니다. 그러고는 "이 사람, 규칙을 어겼으니 나쁘지? 벌칙이 있는데, 보고 싶어?"라고 했더니 아이가 자신의 토큰(동전)을 내밀었습니다. 5세 아이조차 비용을 들여서라도 그 사람이 벌 받는 모습을 보고 싶어 합니다.

처음 본 상대이지만 그 사람이 비리를 저질렀다는 이유만으로 공격하고 싶은 욕구를 아이들조차 가지고 있습니다. 이 실험은 '처벌'이 정의를 위해 또는 이성적으로 생각하고 하는 것이 아니라, 인간이 선천적으로 지닌 기능이라는 점을 시사합니다. 비용을 들여서라도 꾀를 부린 놈을 용서하지 않겠다는 특성이 사회성입니다. 한마디로 황색 언론 잡지를 사고 싶어 하는 거예요. 다른 사람이 벌 받는 모습을 보며 쾌감을 얻기 때문에 이미 어린 시절부터 거기에 자신의 시간과 노력, 돈을 들일 준비가 되어 있습니다.

아라카와 남을 공격함으로써 쾌감을 느끼고, 돈을 지불하고서라도 그 쾌감을 얻고 싶어 한다니, 상당히 위험하게 느껴지는데요…….

나카노 교활한 사람을 용서할 수 없고 공격하고 싶다는 욕망을 위해 들이는 비용보다 거기서 얻는 쾌감이 더 큰 거죠. 그 쾌감을 비용을 들여서 사는 거예요.

아라카와 어릴 때부터 갖추어져 있다는 말은, 특별히 어떤 영향 인자가 있다는 뜻은 아니군요. 그럼 본능적인 건가요?

나카노 맞아요. 처음부터 갖춰져 있습니다. 그래서 없어지지 않아요. 만약 후천적으로 배운다면 그 조건을 바꿈으로써 그러한 공격이나 배제가 없는 사회를 만들 수 있을지도 모릅니다. 하지만 선천적으로 갖추어져 있기 때문에 없어지지 않습니다. 공격의 강도를 약화할 수는 있겠지만, 특정 인물을 향한 공격 자체를 멈추기란 거의 불가능합니다.

때리는 쾌락에 빠진 정의 중독자들

아라카와 좀 전에 말했듯이 불쾌한 정보를 스스로 찾고, 일부러 보고 싶어 하는군요.

나카노 맞아요. 보고 싶은 거예요. 그 욕구가 엄청 크죠.

아라카와 그것도 도파민 때문이고요.

나카노 맞아요. 쾌락을 얻기 위해 꾀를 부리는 사람이 실패하는 모습을 보고 싶어 합니다. 그래서 불륜을 저지른 사람, 요컨대 때려도 되는 대상을 다들 필사적으로 찾습니다.

아라카와 때리면서 쾌락을 얻기 위해 일단 일부러 불쾌해집니다. 그 불쾌함의 정도가 올라갈수록 쾌락이 커지기 때문에 또 다른 불쾌한 정보를 요구합니다. 굉장히 불행한 연쇄 작용이죠.

나카노 안정된 상태에서 봤을 때는 굉장히 이상해 보입니다.

아라카와 결국, 약물 중독자와 다름없죠.

나카노 맞아요. '정의 의존증'이죠.

아라카와 끊임없이 불쾌한 무언가를 주입해야 살아갈 수 있습니다. 오히려 불쾌한 것에 의존하죠.

나카노 결국, 일탈한 사람이 없으면 곤란해집니다. 그래서 안타깝지만, 집단 따돌림으로 인한 자살은 사라지지 않을 것 같습니다. 반에서 괴롭힘을 당하는 사람은 순서대로 돌아가는 듯하지만, 사실은 그 대상들 모두 조금씩 평균에서 벗어나 있고, 그 부분이 표적이 됩니다. "재는 바지가 항상 저렇네", "치마가 짧다", "귀여운 척해서 짜증 나"와 같이 평균에서 사소하게 벗어난 점을 찾으니까 누구나 다 표적이 됩니다. 마을에서는 표적이 된 대상을 깎아내림으로써 모두가 쾌감을 얻고, 그것으로 집단의 화합을 유지하기도 합니다. 옛날에는 무당 등이 제물을 만들었지만, 지금은 누구나 제물이 될 수 있습니다.

아라카와 그래서 일탈한 사람에게 틀렸다고 지적하고, 상대가 미안하다고 사과하면 거기에서도 쾌감을 느낍니다. 상대방을 지배했다는 감각 때문이겠죠.

나카노 맞습니다. 자기 효능감이죠.

아라카와 내가 통제해서 상대방을 갱생시켰다는 감각입니다. 일탈한 사람에게 '너가 틀렸으니 사과하고 이쪽으로 와. 내 밑으로 들어가'라는 겁니다. 자신의 지배하에 둠으로써 엄청난 쾌감을 느낍니다. 반대로 일탈한 사람이 뭐가 잘못됐냐고 정색하면 굉장히 불쾌해합니다.

나카노 맞는 거 같아요.

아라카와 가령 기자 회견 태도가 불량하니까 저 사람을 비난하자는 식이 되는데요. 바로 현대판 마녀사냥입니다. 중세 유럽에서는 진짜 죽임을 당했지만, 이제는 실제로 죽일 순 없잖아요. 그러니까 사회적으로 말살하려는 거겠지요.

남을 때리면서 느끼는 쾌감 -샤덴프로이데

아라카와 남을 공격하고 싶다는 욕망은 어떤 것일지 궁금하네요.

나카노 그것은 인간의 본질이라 시대가 지나도 크게 변하지 않습니다. 즉, '해버리는 것'인데요. 의식적으로 억제할 수 있을지도 모르겠네요. 다만, 6장에서 말한 500만 엔과 1,000만 엔 문제에서처럼 욕구를 억누르는 사람과 억누르지 않는 사람이 있으면, 억누르지 않는 사람이 이깁니다. 따라서 욕망을 억제하면 손해라는 이야기가 됩니다.

아라카와 그렇군요.

나카노 정치를 봐도 미국에서는 트럼프 같은 사람이 대통령으로 뽑혔습니다. 힐러리 클린턴이 억누르는 쪽이었고요. 그렇게 되면 억누르지 않는 사람이 이득을 보는 것처럼 보이고, 그쪽에 합류하는 편이 기분이 좋습니다. 한편 누군가는 그 욕구를 느끼지만 부끄러운 마음에 합류를 망설이기도 합니다. 하지만 그들 역시 그렇게 하면 기분 좋아질 거라는 사실을 압니다. 그래서 그 반대편에 선 사람들이 이 기분 좋은 것에 얼떨결에 합류한 사람들을 또 맹렬히 공격합니다.

아라카와 역사적으로 그것과 반대되는 움직임은 없었나요?

나카노 글쎄요. 이것은 지극히 중대한, 사람 간의 분단과 대립을 낳는 근원적인 문제이며, 좀 더 자세하게 조사하고 논의해야 할 영역입니다. 하지만 체계적인 논의가 아직까지 이루어지지 않은 느낌입니다.

아라카와 감정과 욕구를 억누르지 않는 사람이 대상을 찾아 마구 공격하는 흐름이 인터넷에서 가시화되고, 누구나 목격하게 된 것이지요. 옛날에는 이런 흐름이 없었잖아요.

나카노 SNS처럼 공격 대상을 찾기 쉬운 도구가 생긴 것은 이 흐름과 무관하지 않습니다. 옛날에는 표적을 찾아내는 도구라고 한다면 TV나 신문, 주간지 정도였으니까요. 그런데 인터넷이 등장하면서 색출이 비교적 쉬워졌고, 억울한 죄를 뒤집어쓴 사람까지 생겨나게 되었습니다. 누구든 죄인으로 만들 수 있죠. 아무 잘못이 없음에도 어떤 발언을 했다는 이유만으로 공격합니다. 확대 해석인 줄 알면서도 그 사람을 공격하기 위해 일부러 잘못된 해석을 하기도 합니다. 이 흐름은 당분간 지속되지 않을까 싶어요. 더 비관적인 예측을 하자면, 꽤 오랫동안 지속되리라고 봅니다.

아라카와 그렇군요. 이런 건 뇌과학에서는 뭐라고 하나요?

나카노 '샤덴프로이데'입니다. 샤덴프로이데는 질투에 부수되어 일어나는 감정입니다.

아라카와 남에게 생긴 안 좋은 일을 보며 고소해하는 거죠.

나카노 '저 자식의 불행을 보며 오늘도 밥을 잘 먹는다'라는 느낌이죠. 샤덴프로이데의 프로이데freude는 독일어로 기쁨, 샤덴schaden은 손해라는 뜻입니다. '상대방의 손해가 곧 기쁨이다'라는 의미죠.

사람은 감정으로 움직이며, 그에 대해 적절한 논리를 붙인다

아라카와 결국 근원에는 감정이 있습니다. 이것은 논리와 감정에 대한 이야기와도 관련되는데요. 흔히 의식이 바뀌면 행동이 달라진다거나, 의지가 있으면 행동을 바꿀 수 있다는 말들이 있지요. 그런데 그게 아닐지도 모르겠습니다.

저는 이것을 '코끼리와 코끼리 조련사와 환경의 관계성'이라는 모티브를 사용해서 설명하는데요. 사회심리학자 조너선 하이트가 제창한 것으로, 코끼리는 감정, 코끼리 조련사는 논리를 가리킵니다. 코끼리 조련사가 코끼리를 움직인다고 생각하지만, 사실은 코끼리가 움직이는 방향을 통제하지 못합니다. 하지만 조련사는 자신의 의도였다고 하면서 나중에 적당한 이유를 붙이는 경우가 꽤 많습니다.

그렇다면 코끼리는 왜 움직일까요? 대부분 환경에 의해 움직입니다. 만약 걷기 좋은 길이라고 생각하면 그쪽으로 갑니다. 또는 그쪽에 먹이가 있을 것 같아서 움직입니다. 그렇다고 한다면 사람도 환경에 의해 감정이 일어나고, 거기에 적절한 이유를 붙인다고 생각할 수 있습니다. 따라서 여자는 감정으로 움직이고, 남자는 논리로 움직인다는 말은 설득력이 떨어집니다. 사실은 누구나 감정으로 움직이고, 나중에 적당한 이유를 붙이고는 그것에 공감한다고 여기는 게 아닐까요.

나카노 단순하네요. 그게 더 실상에 가까워 보입니다.

아라카와 영업이라든가 마케팅적 관점에서 말하자면, 감정 만들기보다는 감정에 어떤 이유를 붙이는지가 중요합니다. 소비자가 공감하지 않거나, 철저히 싫어하게 될 수도 있기 때문에 그 부분이 매우 중요하다고 생각합니다.

공감으로
이어져야 한다는 착각

아라카와 대화를 하다 보면 상대의 감정을 공감해줘야만 한다고 다들 착각하잖아요.

나카노 그렇죠. 저도 공감하는 척하는 사람들을 별로 안 좋아하는데요. 마치 자기도 다 이해한다는 듯 공감하는 척하지만 완전히 요점에서 벗어난 반응이 돌아오고, 어딘가 아부하는 듯한 사람을 보면 정말 기분이 나빠요.

아라카와 그리고 일부러 상대방의 공감을 노리고 말하는 사람도 싫어요.

나카노 바로 그거예요. '이런 말 하면 만족하겠지'라는 식이죠. 뭔가 약점을 잡힌 듯한 느낌이 너무 싫어요.

아라카와 그런 사람들이 보이는 공감은 상당히 표면적입니다. "알아, 알아"라든지 "맞아, 그런 경우 있지"라고 말하며 일단은 공감하는 모습을 보이는데요. '정말 내 말을 듣고 있는 거 맞아? 이야기 내용과 상관없이 그냥 공감하는 척하는 것이 목적 아닐까'라고 생각하게 됩니다.

나카노 맞아요. 정말 그렇습니다.

아라카와 본래 사람과 의사소통할 때도 전적으로 공감하기보다는 서로 약간의 위화감이 중요하다고 생각하거든요. 전적으로 반대도 아니고, 그렇다고 찬성도 아닌 느낌. 그럴 때 그 위화감을 말로 잘 표현하지 못하기도 하잖아요. 위화감 자체가 불쾌하다기보다는 그것을 말로 표현할 수 없어서 불쾌한 느낌입니다.

말로 표현할 수 없는 감정을 언어화해주는 사람이 카리스마를 가질 수 있다

나카노 그렇죠. 반대로 언어화에 능숙하면 사람들에게 호감을 얻습니다. 조금 이해하기 어려울지도 모르겠네요. 이게 무슨 말이냐 하면, 우리는 좀처럼 언어화할 수 없는 감정을 가지고 있습니다. 이 감정을 능숙하게 언어로 표현하는 사람이 있으면 모두 그 사람을 좋아하게 됩니다. 예를 들어, TV나 인터넷에서 인기 있는 사람은 대부분 이런 언어화에 뛰어난 사람입니다.

아라카와 예를 들면, 카리스마가 있거나 연설을 잘하는 사람인가요?

나카노 그렇습니다. 트럼프 전 대통령은 이 기술 하나로 대통령이 됐다고 말할 수 있을 정도죠.

아라카와 그렇습니다(웃음).

나카노 다들 싫고 떨떠름하게 여기지만 차마 말하지 못하는 것들을 트럼프 전 대통령이 대변해준다는 거죠. 언어화 이외에도 예를 들어 음악이나 미술 등도 내 기분을 대변해주는 기분이 듭니다. 다만, 역시 언어화가 가장 빠르고 효과적입니다. 정보의 해상도가 높아서 정밀하면서도 정보량(말하자면 패킷량)을 억제하여 공감을 전달할 수 있거든요.

이야기를 들어주고,
적확하게 언어화해줄 때의 쾌감

아라카와 뭐라고 말해야 할지 몰라서 우물쭈물할 때, 누군가 "이렇게 말하려는 거지?"라고 말해주면 굉장히 기분이 좋습니다. "그래! 내가 말하려던 게 그거였어. 어떻게 알았어?" 이런 거요. 내가 하고 싶은 말을 대신 해주면 굉장히 기분 좋습니다.

나카노 언어화해주는 AI가 생기면 다들 좋아할지도 몰라요.

아라카와 나카노 씨가 강연인가 기사에서 "이야기를 들어주는 일에는 섹스에 필적할 정도의 쾌감이 있다"라고 말했잖아요.

나카노 맞아요.

아라카와 결국 이야기를 들어주는 것이 중요하군요.

나카노 같은 회로를 공유하는 것이 중요하죠. 사실 우리가 누군가의 이야기를 제대로 들어주는 경우는 거의 없습니다. 대화를 해도 계속 맞장구를 치거나, 어떻게 되든 상관없는 이야기나 공통된 이야기로 분위기가 고조되는 정도죠. 거의 대부분의 사람이 정말로 자기 생각을 인정받은 경험이 없을 것입니다. 그렇기 때문에 자신이 인정받았다고 느꼈을 때의 기쁨은 상당히 큰데요. 그런 이유로 남의 이야기에 공감하고 인정해주는 사람은 인기가 있고(그것이 옳은지 그렇지 않은지는 별개로 하고) 강한 신뢰를 얻습니다. 이것을 범죄에 악용하는 것은 칭찬할 일은 아니지만, 사기꾼은 남의 이야기를 매우 능숙하게 잘 들어줍니다.

앞으로는 사람의 이야기를 들어주는 서비스가 유행한다?

아라카와 누군가가 이야기를 들어주는 것이 그렇게 기분 좋은 일이라면, 앞으로는 아저씨가 돈을 지불하고 젊은 사람에게 이야기를 털어놓는 형태의 장사가 유행하지 않을까 싶네요.

나카노 그건 술집에서 종업원이 이미 하고 있지 않나요? 룸살롱도 그런 시스템이잖아요.

아라카와 상대가 술집 여성이 아니더라도 아저씨는 설교하고 싶게 마련입니다.

나카노 젊은 남성에게도 자기 얘기를 하고 싶은 거군요.

아라카와 젊은 남성에게 "나 때는 말이야……"라고 말하려면 돈을 내야 하는 거죠.

나카노 옛날 회사 술자리는 그런 분위기였나요?

아라카와 옛날에는 그랬지만, 지금은 설교 따위를 하면 큰일 나니까요. 그런 것들은 돈을 내고 외부에서 해결해야 합니다.

나카노 그렇군요. 이야기를 들어주는 가게가 돈벌이가 되는군요.

아라카와 그렇습니다. 아저씨들은 돈을 낼 의사가 있을 거예요. 지금 그들은 이야기할 기회가 전혀 없으니까요.

나카노 제가 한번 차려보고 싶네요(웃음). 이야기를 들어주는 가게요.

아라카와 비용이 좀 비쌀 거 같은데요.

나카노 상담이 돼버리겠네요(웃음).

감정과 논리보다
먼저 환경을 바꿔라

아라카와 다시 한번 말씀드립니다만, 논리 중시인지 감정 중시인지는 남녀에 대한 고정 관념과는 관계없고, 결국 개인차일 뿐입니다. 앞에서 '코끼리와 코끼리 조련사와 환경'으로 비유해서 이야기했듯이 감정과 논리보다 그 사람이 놓인 환경이 더 중요합니다.

나카노 환경을 바꾸는 편이 빠르겠군요.

아라카와 인간의 의지로 바꾸려고 해도 절대 지속되지 않기 때문에 주변 환경을 바꾸는 편이 빠르다는 말입니다.

나카노 저는 "뇌과학적으로 집중력을 높이는 방법이 없을까요"라는 질문을 수백 번 들었는데요. 사람이 의지력으로 바꾸려고 해도 계속 실패하게 됩니다. 의지로 바꾸는 일은 거의 불가능합니다. 그 의지를 계속 유지해야 하니까요.

아라카와 불가능하죠. 의지로 변했다고 생각하고 싶을 뿐입니다.

나카노 정말 그런 사람이 있으면 오히려 이상한 사람 취급을 받을 거예요.

공감이란,
감정에 논리를 붙이는 것

아라카와 지금까지 감정과 논리에 대해 이야기했는데요. 공감은 감정에 논리를 붙이는 것, 즉 '공감=감정+논리'라고 생각합니다. 감정만으로는 공감이 될 수 없고, 논리가 빠져선 안 됩니다.

나카노 이거 팔릴 만한 방정식이네요(웃음). 좋은 아이디어인데, 이렇게 공개해도 되나요?

아라카와 상관없습니다. 이 책을 읽는 독자들에게 이것을 꼭 알려드리고 싶었습니다. 독신 남성의 전형적인 사고방식이 세 가지 있는데요. 바로 '무리다', '낭비다', '귀찮다'입니다. 무엇을 제안해도 이 세 개로 다 해결할 수 있는 만능 사고방식입니다. 이것이야말로 하기 싫다는 감정을 내세워서 자신의 소극적인 태도를 정당화하는 행위입니다. 그들은 행동하기보다 행동하지 않기 위한 논리를 더 잘 붙입니다. 환경이 감정을 만들고, 감정이 행동을 만들어내는데, 행동으로 옮기기 전이나 한 번 행동한 뒤에 잠깐만 기다리라는 생각이 머릿속에 뭉게뭉게 떠오릅니다.

예를 들어, 어떤 물건을 보고 '이거 좋네. 갖고 싶다'라고 생각했다고 합시다. 하지만 그걸 사기 전에 '잠깐만. 좋긴 좋은데 너무 비싸지 않나?'와 같은 논리가 치고 들어옵니다. 자신이 살 수 있는 범위를 넘었다는 '무리의 논리', 사더라도 자주 사용하지 않을 거라는 '낭비의 논리'가 머릿속에서 펼쳐지고, 애초에 그런 고민을 하는 것 자체가 '귀찮다'는 감정이 들면서 모처럼의 행동을 취소해버립니다. 어떤 스타의 팬이지만 그 사람의 물건을 사지 않는 것도 같은 경우입니다.

좋거나 싫다는 감정만으로는 좀처럼 행동하지 않고, 특히 돈을 지불하는 일에 신중합니다. 소비 행동과 관련해서 스스로 납득할 만한 이유를 붙이지 않으면 마음 편히 행동하지 못하는 패턴이 나타나는데요. 여기서도 알 수 있듯이 감정을 불러일으킬 뿐만 아니라, 그 감정을 납득시키는 논리까지 더해져야 강한 공감을 얻을 수 있습니다.

나카노 확실히 인간은 무언가를 원할 때 이런 상황에 이르게 됩니다. 감정에 논리를 잘 붙이는 사람은 어떤 곳에서도 잘 살아갈 수 있겠죠. 종교도, 철학도, 과학마저도 그것을 지향하는 것 같습니다.

마지막 장

위드 코로나 시대의 삶의 방식을 생각하다

2019년 겨울, 우한에서 발생한 신종 코로나바이러스가 순식간에 퍼지면서 전 세계에 막대한 피해를 주었습니다. 전파력이 강하기 때문에 2020년 4월 이후, 일본에서도 재택근무로 바뀌거나 스포츠 경기, 연극 관람과 같은 단체 행동이 제한되는 등 생활 방식이 크게 변할 수밖에 없었습니다. 감염 확산이 일단 안정되어 행동 제한이 느슨해진 2020년 7월 이후에도 재택근무나 온라인 회식 등 이제껏 일본 사회에서 볼 수 없었던 모습이 점점 일반화되고 있습니다. 확실한 치료제가 언제 등장할지 알 수 없는 현시점에서 이 변화는 일시적인 것이 아니라 앞으로 새로운 표준new normal이 될 것으로 보입니다.

마지막으로 이 장에서는 신종 코로나바이러스로 인해 떠오른 '혼자 살아가는 법'을 둘러싼 다양한 논점에 대해 고찰합니다.

'코로나 이혼' 증가가 의미하는 것

아라카와 '코로나 이혼'이 늘고 있다는 보도가 있는데요. 왠지 모르게 이해가 가는 현상입니다. 코로나의 영향으로 재택근무나 자택 대기가 증가했는데, 같은 공간에서 쭉 함께 있는 것을 힘들어하는 부부가 늘고 있다고 합니다.

나카노 그렇군요. 서로 원해서 부부가 되었는데 말이죠. 그런데도 계속 같이 있는 걸 못 참고, 집에서 얼굴을 마주하는 것도 못 견디는군요. 보도에 따르면 일본뿐만 아니라 먼저 감염이 확산되었던 중국에서도 이혼하는 부부가 증가하고 있다고 합니다. 일단은 서로 좋아서 결혼했더라도 환경

조건에 따라 관계성이 달라집니다.

아라카와 맞벌이라면 집에 함께 있는 시간이 적기 때문에 지금껏 깨닫지 못했지만, 이번과 같은 상황이라면 직면할 수밖에 없겠네요.

나카노 가끔 만나니까 즐겁고 신선하지, 24시간 매일 붙어 있으면 꽤 힘들잖아요. 부부도 생판 남이기 때문에 습관도 다르고, 상식이라고 여기는 일도 달라 그런 부분은 역시 맞출 필요가 있지요. 이처럼 서로 맞추기 위한 심적 비용도 들기 때문에 스트레스를 받는 사람이 많지 않나 싶습니다.

마스크를 싫어하는 서양인, 선글라스를 무서워하는 일본인

아라카와 140쪽에서 '90일간의 셀피 첼린지'를 이야기하면서 카메라에 예쁘게 나오려면 입은 웃고 눈은 웃지 말아야 한다고 말했는데요. 지금은 코로나의 영향으로 어디를 가든 마스크가 필수입니다. 그러다 보니 상대의 표정을 보지 못한 채 의사소통을 해야만 하는 상황입니다.

인터넷에서 봤는데 일본인은 감정을 눈으로 표현하고, 서양인은 입매로 표현한다고 하더라고요. 그래서 서양인이 그린 일러스트를 보면 눈 모양은 변하지 않습니다. 스마일 마크 같은 걸 봐도 알 수 있잖아요. 일러스트에서 캐릭터 등을 입매만 살짝 웃는 모양으로 표현하는 게 이런 이유 때문이라고 하네요. 반면 일본인이 그런 일러스트를 보면 입매는 변하지 않고 눈매가 바뀝니다.

나카노 이거 굉장히 재밌는 고찰이네요.

아라카와 감정을 드러낼 때 일본인은 눈, 서양인은 입 모양을 바꾼다.

나카노 골격의 차이 등이 관계가 있나요?

아라카와 글쎄요. 입을 가리면 상대의 표정을 알 수 없어서 서양인이 마스크 착용을 싫어하는 것일지도 모릅니다.

나카노 상대가 무슨 생각을 하는지 알 수 없게 되는군요.

아라카와 맞습니다. 반면 일본인들은 눈으로 표정을 짓기 때문에 마스크를 써도 알 수 있어요.

나카노 그렇다면 일본인은 선글라스를 낀 사람이 무섭지 않을까 싶은데요.

아라카와 그렇습니다. 선글라스를 끼고 있으면 입은 웃고 있어도 왠지 믿을 수 없다는 생각이 듭니다.

나카노 정말 그렇겠네요. 서양인은 선글라스를 많이 쓰죠.

아라카와 이 주제, 정말 재밌네요.

나카노 이유가 뭘까요? 얼굴? 골격? 눈만 보고는 표정을 읽기 어려워서일까요?

아라카와 그런 경향은 애니메이션 표현 방법 등에서도 드러납니다. 일본에선 캐릭터 눈을 크게 그리잖아요. 반면 서양에선 입을 크게 그리고요.

나카노 신기하네요.

아라카와 캐릭터 조형에서도 나타납니다. 입 모양으로 캐릭터의 표정을 표현하는 서양과, 눈으로 표현하는 일본. 그 차이가 굉장히 재밌습니다.

나카노 안륜근과 관련이 있을까요? '미세 표정micro-expression'이라고 불리는 얼굴의 움직임이 있습니다. 사람은 이것을 알아보는 힘이 있는데요. 요컨대, 슬픈 표정을 지어야 하는 상황인데 눈은 웃고 있거나, 웃어야 하는데 눈은 웃고 있지 않은 경우가 있죠. 우리는 그런 미세 표정을 보면서 얼굴이 뭔가 부자연스럽다고 느낍니다.

표정을 살필 때는 주로 입꼬리올림근이나 안륜근 등의 움직임을 봅니다. 안륜근의 움직임은 일본인처럼 평평한 얼굴이면 잘 보이지만, 서양인의 얼굴에선 알아보기 어렵습니다. 서양인은 안와가 크고 움푹 들어가 있어서 눈가가 어둡게 보이기 때문에 눈의 표정이 잘 보이지 않을 때가 있습니다. 웃을 때 입가의 주름은 보이지만, 눈 밑 근처 근육은 보기 어렵습니다.

아라카와 그러고 보니 일본의 이모티콘 있잖아요. 아스키 아트 같은 거요. 그런 이유로 서양에서는 받아들여지지 않았습니다. 일본의 이모티콘은 눈 모양은 다양한데, 입 모양이 다양하지 않으니까요.

나카노 확실히 그렇네요. 반대로 일본인은 서양 이모티콘

도표 28 일본과 서양의 '얼굴 이모티콘' 비교

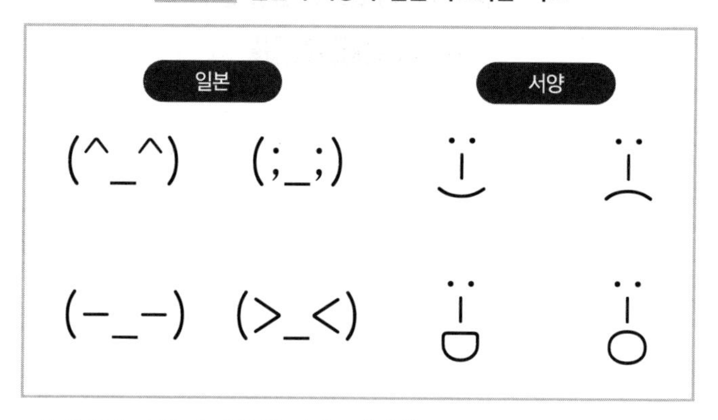

※ 실제로는 서양 이모티콘은 시계 반대 방향으로 90도 회전하여 옆으로 누운 모양으로 사용된다.

을 받아들이기 어렵고요. 눈이 전부 죽어 있는 느낌이거나, 옆쪽으로 누워 있는 모양이라서 이해하기 어렵습니다(도표 28).

아라카와 아마도 아시아권, 동양은 전부 일본과 같은 모양이지 않을까요.

왜 온라인 미팅은 하기 어려운가

나카노 의사소통을 할 때는 서로의 표정을 보잖아요. 코로나의 영향으로 원격 근무가 늘어나면서 화면 너머로 온라인 미팅을 하기도 하는데요. 하지만 표정을 알아챌 수 없다는 점 때문에 원격으로 일하기 어렵다고 말하는 사람들도 있습니다.

아라카와 확실히 화면 너머로는 상대의 세세한 표정이 잘 안 보여서 그 사람의 생각 등을 읽어내기 어렵습니다.

나카노 상대를 신뢰할 수 있는지에 대한 정보가 빠져버리니까요. 화면을 통한 소통은 직접 대면할 때보다 정보량이 부족합니다. 목소리의 상태는 파악할 수 있지만, 그것은 어느 정도 꾸며낼 수 있으니까요. 안륜근은 정말 감정이 생겨나지 않으면 잘 움직이지 않는다고 합니다. 움직이려고 하면 움직일 순 있겠지만, 부자연스러운 표정이 되거나 하겠죠.

아라카와 원격 업무가 미래의 일하는 방식이라고 이야기되는데요. 반대로 저는 이번 코로나 상황을 보면서 완전한 원격 업무가 이루어지는 미래는 오지 않을 거라 생각했습니다. 역시 인간은 사람들과 모이고 싶어 하니까요.

나카노 최근에 듣고 깜짝 놀란 이야기가 있는데요. 여기저기서 요식업이 망할 거라고 했잖아요. 그런데 교토에서 유명한 가게들은 전부 만석이라고 합니다. 이 틈에 예약을 잡는 사람이 많아요. 사람과 만나서 함께 맛있는 음식을 먹고 싶은 욕구는 절대로 사라지지 않습니다.

아라카와 사실 완전한 원격 생활은 지금도 기능적으로는 가능하잖아요. 원격 근무도 가능하고, 사람과 만나지 않고 사는 것도 이론상으로는 할 수 있어요. 그럼 왜 일부러 왕복 두 시간에 걸쳐 출퇴근하는가. 역시 회사에 가서 얼굴을 맞대고 사람과 이야기하고 싶기 때문이죠. 일의 효율 때문이 아니라요. 만원 전철을 타고 장시간 출퇴근하기 힘들지만, 회사에 가고 싶은 이유가 분명히 있어요. 예를 들어, 만원 전철에서의 한 시간은 혼자 있을 수 있는 귀중한 시간이죠. 통근 열차에서 혼자 있는 시간을 확보하고, 집으로 돌아와 가족과 함께하는 흐름이 필요한지도 모릅니다. 출퇴근 시간이 10분이면 의외로 못 견딜 거 같아요.

나카노 그렇군요.

아라카와 288쪽에서 내 안에 다양한 자아가 있음을 인정해야 한다고 말했는데요. 집, 전철, 회사 등 환경을 전환하는 것은 사람이 정신 건강을 지키는 데 매우 중요한 요소라고 생각합니다.

혼자 있으면
부정적인 소용돌이에 빠지기 쉽다

아라카와 원격 업무가 힘들다는 목소리도 있습니다. 묵묵히 작업하는 것이 괴롭고, 누구와도 이야기하지 못하는 상태가 견디기 힘들다는 사람도 많아요.

나카노 저는 오랫동안 대학원에 있었는데요. 대학원이란 환경은 특수합니다. 석사 과정은 비교적 모두 왁자지껄 즐겁게 지내는 분위기이지만, 박사 과정으로 넘어가면 친구가 단번에 없어집니다. 인문계는 다를 수 있지만, 자연과학계는 그런 특징이 있어요. 성격이 예민해져서 그런 것이 아닙니다. 자신의 연구 내용을 아는 사람은 자기와 지도 교수뿐이고, 그렇게 되면서 다른 사람과 이야기가 점점 통하지 않게 됩니다. 친구들은 사회인이 되고, 생활 시간대도 달라지기 때문에 필연적으로 누구와도 대화하지 않는 환경이 만들어집니다.

저는 그런 환경에 익숙해져 있었고, 사람을 안 만나도 스트레스를 받지 않았지만, 다시 한번 '혼자 있는 것의 폐해'에 대해 고찰한 적이 있습니다. 혼자 있을 때는 다른 사람이 없으므로 스스로 피드백을 주어야 합니다. 그때 어떤 문제가 발생하냐면 스스로에게 피드백을 줄 때 '페일 세이프fail safe'(잘못 조작하거나 부품이 손상됐을 때 안전장치가 작동하도록 설계하는 것)처럼 하게 됩니다. 즉, 부정적으로 자신을 평가하게 되어 피드백이 엄격해집니다. 그러면 점점 나는 아무것도 못하는 인간이 아닐까 생각하며 소용돌이에 빠져듭니다.

그러한 상황에서 사고가 긍정적으로 흘러가는 사람은 극소수로서, 조금 이상한 사람처럼 보일 정도로 적습니다. 혼자 있으면 부정적으로 피드백하게 되고, 그래서 우울해지는 사람이 늘어나는 거죠.

'너무 부정적으로 보는 건 아닐까' 하고 객관적으로 생각하고 자신을 설득할 수 있는 이성의 소유자는 거의 없습니다. 그래서 고독이 심해지면 부정적인 사고의 소용돌이에 점점 빠져들어갑니다. 하지만 다른 사람을 만나면 자신이 서 있는 위치를 바로잡을 수 있습니다.

요점은 외부의 피드백을 받음으로써 부정적인 쪽으로 치우쳤던 기준이 중립으로 돌아온다는 것입니다. 하지만 그럴 기회가 사라졌기 때문에 마음의 병을 앓는 사람이 많아진 것 아닐까요.

아라카와 즉, 원격 업무로 혼자 일하면 점점 생각이 부정적으로 바뀐다는 말이군요. 그런데 왜 사람과 만나면 그 문제가 해소된다는 건가요?

나카노 다른 사람의 객관적인 시선에 따른 긍정적인 피드백을 얻을 수 있기 때문입니다. 스스로 부정적인 피드백을 줘도 그건 좀 아니지 않냐고 하면서 바로잡을 수 있는 근거를 외부에서 제공하거든요.

아라카와 다만, 다른 사람과 만나도 속마음을 터놓지 않는 사람도 있지요.

나카노 그건 그렇습니다. 그런 사람은 애초에 직장에 있어도 우울해지기 쉬운 유형이죠.

아라카와 결국 사무실에서 일해도 집에 틀어박혀서 일하는 것과 다를 바 없는 사람도 있네요.

나카노 네. 별로 다르지 않은 사람도 물론 있을 겁니다.

마스크 사재기로 보는 인간 본질의 불변성

아라카와 이번 코로나 상황에서 벌어진 마스크 사재기는 1970년대 석유 파동 당시의 화장지 품귀 현상을 보는 듯했습니다.

나카노 맞아요. 어머니나 할머니 세대가 생각났어요.

아라카와 무엇 하나도 달라진 게 없더라고요.

나카노 정말 놀랐습니다. 50년으로는 세상이 변하지 않는 건가 하고요.

아라카와 유럽과 미국에서도 똑같은 일이 일어났습니다. 덧붙여서 100년 전 스페인 독감 때도 마찬가지로 사재기가 일어났다고 합니다. 아무것도 변하지 않았어요.

나카노 사람이 위기에 처하면 이렇게 되는군요.

아라카와 기술이 발전하고 생활이 편리해져도 인간의 행동과 본질은 하나도 변하지 않는다는 것을 실감했습니다.

나카노 바뀐다고 해도 상당히 시간이 걸리겠죠. 수십 년, 수백 년으로는 부족할지도 모릅니다.

아라카와 그렇죠. 아마도 지난 2,000년 동안에도 거의 달라지지 않았을 거예요.

나카노 맞아요. 대립하는 두 개의 유전자가 있을 때, 한쪽 유전자가 사라지려면 그 경향이 흔들림 없이 일정하게 유지된다고 해도 1,000년이 걸리거든요. 예를 들어 '불안이 강한 사람과 약한 사람, 어느 쪽이 살아남을까'라는 게임이 시작된다고 했을 때, 세대가 계속 바뀌면서 불안에 강한 사람이 살아남으려면 1,000년은 걸린다는 거죠.

아라카와 그렇게 오랜 시간이 지나야 결과를 알 수 있군요.

나카노 그렇죠. 어느 쪽이 적응했는지에 대한 결과를 알기 위해서는 조건이 변하지 않고 1,000년 동안 지속되어야 합니다. 그런데 조건은 중간에 바뀔 수밖에 없잖아요. 그러니까 유전자는 쉽게 사라지지 않는 거죠. '바람피운다'와 '바람피우지 않는다'라는 대립 유전자가 있을 때, 바람피우지 않는 유전자의 조건이 유리하다고 해도 그리 간단하게 반대쪽이 사라지지 않기 때문에 모두 살아남습니다. 조건이 전혀 변하지 않고 그 상황이 일정하게 계속 이어지면 이론상으로는 사라지지만, 그래도 1,000년은 걸리니까요.

아라카와 1,000년 후라니요. 대체 어떻게 된 일인지.

나카노 1,000년이 지나 상상도 할 수 없을 정도로 세상이 바뀌어도 인간 자체는 똑같을 수 있다는 거죠. 다만, 사회상황이 변하고 인프라가 더 잘 갖추어진다면 약간은 달라질 수 있습니다. 혹은, 평소에 포옹이나 키스로 타인과 교감하기 좋아하는 사람은 감염병에 걸리기 쉬워서 절멸할지도 모릅니다. 앞으로 어떻게 될지 매우 흥미롭군요. 시뮬레이션을 해보고 싶네요.

아라카와 AI를 이용하면 시뮬레이션이 가능하지 않을까요? 한 번에 1,000년치를 진행해볼 수 있을 듯싶은데요.

나카노 가능할 것도 같네요.

부정적인 감정의 확산에 휘둘리지 않는다

아라카와 저는 감염과 인간의 감정이 확산하는 방법이 매우 비슷하다고 생각합니다. 특히 인터넷 세상에서는 분노의 감정이 순식간에 확산해버립니다. 사람들의 분노로 불꽃이 튀는 경우는 많지만, 그에 비해 기쁨이나 감동, 긍정적인 감정은 널리 퍼지기 어렵다는 생각이 드는데요. 어떻습니까?

나카노 감동은 오히려 퍼지기 쉽죠. 하지만 그게 더 무섭습니다. 왜냐하면 감동하지 않는 사람을 배제하려고 하거나, 쉽게 감동하는 사람을 비웃으며 깔보는 사람이 생기기 때문입니다. 혼자서도 즐겁게 지낼 수 있고, 정보 확산에 영향을 받지 않는 정신이 필요합니다.

아라카와 어쨌든 앞으로는 솔로 사회화가 진행됩니다. 결혼뿐만 아니라 타인과 같은 공간에서 일할지, 아니면 원격 시스템으로 일할지 등을 선택할 수 있겠죠. 지금까지는 사람들이 실제로 모여서 공동체를 형성해왔지만, 이제는 새로운 세상이 열리는 큰 분기점에 서 있다고 생각합니다. 저는 그것을 '소속하는 공동체'에서 '접속하는 공동체'가 된다고 말하는데요(도표 29). 그러한 시대가 되면 단 한 사람의 감정도 많은 사람에게 영향을 미칠 수 있고, 개개인의 발언이나 행동을 포함한 생활 방식이 더욱 중요해질 것입니다. 우리는 무의식적으로 하나의 나무처럼 연결되어 있습니다. 공동 운명체인 거죠. 그러니 분노의 감정을 퍼뜨리기보다는 모두의 얼굴에 웃음꽃을 피웠으면 좋겠습니다.

도표 29 '소속하는 공동체'에서 '접속하는 공동체'로

지금까지는 소속하는 공동체

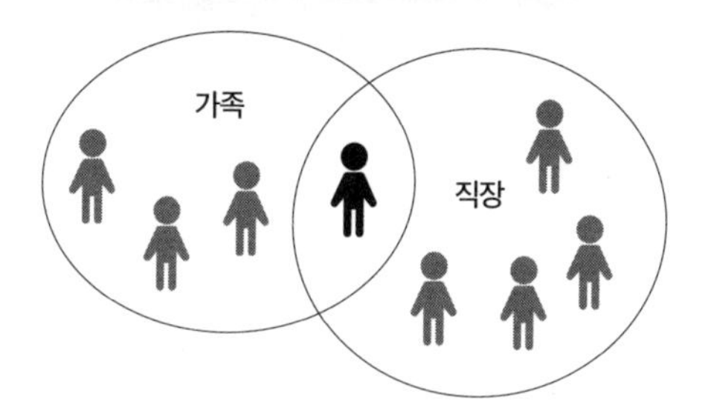

공동체란, 우리 측 사람과 협력하여 외부의 공격을 막는 성벽이었다.

앞으로는 접속하는 공동체

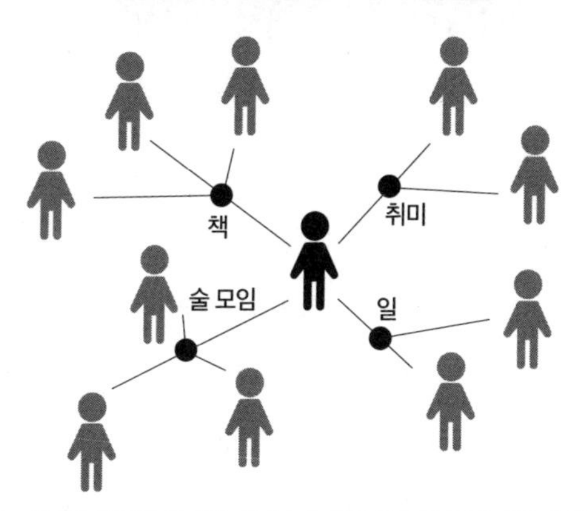

공동체는 사람과 연결되기 위한 시냅스와 같은 역할을 한다. 기혼자이든 솔로든 상관없이 사람은 개인으로서 무언가 혹은 누군가와 접속하지 않을 수 없다.

저자 후기

지금은 옛날과 같은 대가족이 없어졌고, 부부와 자식으로 이루어진 표준 가구라고 불리던 가족 형태도 2040년에는 20%대로 줄어듭니다. 1인 가구가 전체 세대의 40%를 넘고, 이혼·사별한 사람을 포함해 독신 생활자가 15세 이상 인구의 절반을 차지하게 됩니다. 이러한 솔로 사회화는 불가피하며, 일본뿐만 아니라 머지않아 전 세계로 퍼질 것입니다.

국제연합의 추계에서도 확연히 나타나듯이 선진국의 합계 특수 출생률은 일제히 2.0을 밑돌아 1.5 정도로 집약됩니다. 그것은 전 세계적인 저출생·고령화로 인한 미래의 인구 감소를 의미합니다. 일본 인구는 2100년이면 지금의 절반인 6,000만 명 이하가 될 것으로 추산되고 있습니다만, 이 또한 일본만의 문제는 아닙니다. 현재 인구 14억 명인 중국조차 2100년에는 절반인 7억 명으로 줄어들 가능성이 있습니다 (유엔 세계인구추계[WPP]의 저위 추계 참고).

이미 '다사多死 사회'에 돌입한 일본

미디어에서 비혼화, 저출생, 고령화, 인구 감소 등의 화제가 나올 때마다 정치인을 비난하는 목소리도 높습니다. 하지만 누가 정권을 잡든, 어떤 저출생 대책을 시행하든 이 흐름은 막을 수 없습니다. 후생노동성의 관료도 이런 상황을 1990년대부터 예측했으며, 실제로 그 예측대로 변화하고 있습니다.

인구 동태는 '다산다사→다산소사→소산소사→소산다사'의 순서로 변해갑니다. 모든 나라가 '다산소사' 단계에서 인구가 폭발적으로 증가합니다. 얼마 전 중국이나 인도가 그랬죠. 지금은 아프리카 국가들이 그렇습니다. 일본에서 '다산소사'는 메이지부터 쇼와 시대의 베이비 붐 시기까지 계속되었습니다.

현재 일본은 '소산소사'에서 '소산다사'의 시대로 향하는 과도기에 있습니다. 이미 일본은 연간 출생자보다 사망자가 많은 '다사 사회'에 돌입했습니다. 몇 년 후에는 연간 150만 명 이상이 사망하는 일이 50년 동안 계속되는 시대가 됩니다. 고령 인구가 많으면 그만큼 사망 인구도 많아지는 것은 자명한 이치입니다.

출생률도 오르지 않습니다. 큰 착각을 하는 사람이 많은데, 출생 지표로서 사용되는 합계 특수 출생률은 15~49세 여성을 대상으로 하며, 그중에는 미혼 여성도 포함됩니다. 따라서 비혼화가 진행되면 자동으로 수치가 떨어집니다. 실제로 일본 기혼 여성이 낳은 아이의 수는 제2차 베이비 붐 시기와 크게 다르지 않고, 평균적으로 두 명 정도입니다.

지금까지 검토되어온 저출생 대책은 기혼 부부에게 아이를 낳게 하는 일에만 주목했는데요. 그러면 별로 효과가 없습니다. 이론상으로 부부를 한 쌍 늘리면 아이 수는 두 명 증가하므로 저출생 문제를 해결하려면 사실은 결혼을 장려해야 합니다.

이것이 제가 문제는 저출생이 아니라, 엄마가 줄어드는 것이라고 말하는 이유입니다. 물론, 현재의 육아 지원책이 잘못됐다는 말은 아닙니다만, 그것은 어디까지나 육아 지원일 뿐 저출생 해결 효과는 없습니다. 그렇기 때문에 일본의 출생률이 지금과 같은 것이죠.

프랑스처럼 적극적으로 육아 지원 정책을 펼치라는 목소리도 있습니다만, 결국 단기적인 성과는 올려도 장기적으로는 성공할 수 없습니다. 프랑스도 유엔 추계에 따르면 현재 1.8대인 출생률이 1.3까지 떨어질 것으로 예상됩니다.

솔로 사회는 절망적인 미래가 아니다

사회가 그러한 방향으로 나아가는 것은 수십 년 전부터 예측되었으며, 피할 수 없는 일입니다. 인구 동태는 사실 매우 예측하기 쉽습니다. 반대로 말하면 인구 전환 메커니즘의 큰 흐름은 자연과 마찬가지로 인위적으로 결코 바꿀 수 없습니다. 그러니 바뀔 리 없는 사회를 바꾸려 할 것이 아니라, 이러한 상황을 받아들이고 불가피한 미래를 앞으로 어떻게 살아갈지에 대한 고민이 필요합니다.

솔로 사회, 개인화하는 사회는 결코 절망적인 미래가 아닙니다. 결혼하고 아이를 낳아 기르는 사람은 사라지지 않습니다. 무슨 일이 있어도 연애를 하는 사람은 있을 겁니다. 동시에 결혼하지 않거나 아이를 낳지 않아도 가치 없는 인생이 아닙니다. 결혼을 하든 안 하든, 아이를 낳든 안 낳든, 누군가와 함께 살든 혼자 살든, 우리는 각자에게 맞는 새로운 공동체를 구축해나가야 합니다. 이것은 지금까지 그래왔듯이 가족, 지역, 직장 등의 인연으로 연결된 수많은 사람이 '소속된 공동체' 안에서 협력해갈 뿐만 아니라, 서로 접속함으로써 공동체의 역할을 수행하는 '접속하는 공동체'를 만들어가는 일입니다. 또한, 외부와의 접속뿐만 아니라, 자기 내면에 존재하는 '다양한 자아'와 접속하는 일이기도 합니다.

세상에는 자기계발이나 비즈니스에 성공하는 법, 리더가 되는 법, 행복해지는 법, 심지어 결혼하는 법, 인기 얻는 법 등 요령을 알려주는 책과 기사가 넘쳐납니다. 큰 시대의 변화 속에서 불안을 느끼는 사람이 많다는 의미겠지요.

이 책에서도 자기 긍정감을 올리는 방법에 대해 이야기했습니다만, 어쩌면 우리 모두가 정답을 맞히는 일에만 몰두하고 있는 것은 아닐까요? '답이 있다'는 것은 정답이 있고, 나머지는 틀리다는 말인데요. 과연 정말 그럴까요? 당신이 잘못됐다고 판단한 일이 누군가에게는 옳은 행위일지도 모릅니다. '정답은 무엇인가', '그 답에 이르기 위해서 어떻게 하면 좋을까'와 같이 요령만을 추구한다면, 더 중요한 본질을 놓치게 될 것입니다.

먼저 물음을 세우고, 행동하자

『중아함경』에서 부처는 이런 말을 합니다. "내 가르침은 강을 건너기 위한 뗏목과도 같다. 건너편 기슭으로 건너가면 뗏목을 버려도 된다." 자신의 가르침은 필요할 때 도움이 되는 도구이니 일을 마치면 버리라는 의미입니다. 부처는 강을 건너는 요령이나 강을 건너는 이유, 어떻게 나아가야 할지에 대한 답을 가르치지 않습니다. 자신의 가르침은 어디까지나 '뗏목'이라고 하는 도구일 뿐이라고 말합니다. 뗏목은 현대의 어플리케이션과 같다고 할 수 있겠네요.

더 나아가서 뗏목을 사용하지 않고도 강을 건너는 방법이 있다는 사실을 깨닫는 것도 중요합니다. 다리를 놓는다든지, 하늘을 난다든지, 방법은 얼마든지 있습니다. 정답은 무엇이고, 그 정답에 도달하기 위해서 어떻게 하면 좋을지를 생각하기 전에 자기 스스로 물음을 세우는 편이 훨씬 유익합니다.

앞서 말했듯이 환경은 크게 달라집니다. 그리고 환경 변화는 사람의 감정에 작용해 행동을 낳고, 우리는 그 행동에 논리를 붙여서 안정을 찾습니다. 원래 순서로는 논리 붙이는 일이 제일 마지막이지만, 인간은 변명부터 말하고 싶어 합니다. 즉, 먼저 정답이나 노하우를 알고 싶은 것이 세상 사람들의 마음이겠지만, 그 때문에 행동도 하지 않았는데 이미 알 것 같은 기분을 느낀 적이 많지 않나요?

이 책은 최대한 사실에 근거한 새로운 관점이나 시각을 제공하려고 하지만, 그렇다고 명확한 답을 제시하지는 않습니다. 환경 변화에 따른 사회 구조 전환은 우리 모두가 공통으로 직면한 상황이지만, 그에 대한 정답은 각각 다르기 때문입니다. 저와 나카노 씨의 대화에 전적으로 동의하지 않더라도 이 책이 여러분이 뭔가 감정 변화를 깨닫거나, 행동할 수 있는 계기가 된다면 좋겠습니다.

마지막으로, 이번 공저는 2019년 졸저 『솔로 경제의 습격』 출간을 기념해 나카노 씨와 함께 북 토크를 진행한 것을 계기로 탄생했습니다. 이 책의 출간을 제안해준 디스커버21의 호시바 유미코 씨(당시 사장)에게도 이 자리를 빌려 감사의 말씀을 전합니다.

아라카와 가즈히사

솔로 사회가 온다

2022년 9월 29일 1판 1쇄 인쇄
2022년 10월 13일 1판 1쇄 발행

지은이 아라카와 가즈히사, 나카노 노부코
옮긴이 유태선
펴낸이 한기호
책임편집 유태선
편집 도은숙, 정안나, 염경원, 김미향, 김현구
디자인 늦봄
마케팅 윤수연
경영지원 국순근
펴낸곳 북바이북
출판등록 2009년 5월 12일 제313-2009-100호
주소 04029 서울시 마포구 동교로12안길 14, 2층(서교동, 삼성빌딩 A)
전화 02-336-5675 팩스 02-337-5347
이메일 kpm@kpm21.co.kr
홈페이지 www.kpm21.co.kr

ISBN 979-11-90812-48-1 03300

- 책값은 뒤표지에 있습니다.
- 잘못된 책은 구입처에서 교환해드립니다.
- 북바이북은 한국출판마케팅연구소의 임프린트입니다.